L'Oracle Histoires de Sorcières

Illustrations additionnelles :

iStockphoto.com : rashadashurov, JDawnInk, ricorico, Pobytov, amtitus.

Fond des étiquettes : © Gulliver l'Aventurière

Édité sous la direction de Marion Péru
Maquette : Alexis Baldassari
Traduction : Élodie Coello

Titre original : *Everyday Witch Oracle*, © 2019 Deborah Blake
Llewellyn Publications, 2143 Wooddale Drive, Woodbury, MN 55125-2989

ISBN : 979-10-94878-71-2
Dépôt légal : 4e trimestre 2020
Imprimé en Chine

Éditions Arcana Sacra
Une marque du groupe éditorial Piktos.
355, rue de la Montagne-Noire – 31750 Escalquens
contact@piktos.fr

www.arcana-sacra.com

Retrouvez-nous sur les réseaux sociaux
Facebook @EditionsArcanaSacra
Twitter @AllianceMagique
Instagram @arcanasacraeditions
TikTok @arcanasacraeditions

À propos de l'auteure

Bobbie Hodges

Deborah Blake est l'auteure primée de *The Goddess is in the Details* (à paraître sous le titre *Être sorcière*, aux éditions Danaé), *Everyday Witchcraft* et de nombreux autres livres parus chez Llewellyn, dont le tarot *Everyday Witch* paru en France sous le nom d'*Histoires de Sorcières* aux éditions Arcana Sacra. Certains de ses articles sont parus dans les publications annuelles de Llewellyn, et sa chronique « Everyday Witchcraft » figure dans le magazine *Witches & Pagans*. Deborah est aussi l'auteure de la série de romans d'amour surnaturels Baba Yaga, chez Berkley Publishing, ainsi que des fantaisies urbaines Veiled Magic.

Deborah est présente sur internet, sur Facebook, Twitter et sur www.deborahblakeauthor.com. Elle vit dans une vieille ferme de 130 ans d'âge dans le nord de l'État de New York, avec de nombreux chats qui supervisent toutes ses activités, tant magiques qu'ordinaires.

À propos de l'artiste

Scott Murphy

Elisabeth Alba a obtenu un master en arts visuels et en illustration de la School of Visual Arts à New York. On peut trouver ses illustrations dans des livres, des magazines et des jeux pour des clients comme Scholastic, Simon & Schuster, Oxford University Press, Henry Holt Books for Young Readers et bien d'autres.

Elisabeth est mariée à l'artiste Scott Murphy et vit dans l'ouest du Massachusetts. Son travail est visible sur le site www. albaillustration.com.

Sommaire

Introduction

Bienvenue dans l'oracle *Histoires de Sorcières*. À l'instar du tarot du même nom, également conçu par Deborah Blake et Elisabeth Alba, ce jeu se veut à la fois utile et ludique. Comme l'indique son nom, tu y croiseras de nombreuses sorcières – à la fois modernes et classiques, sérieuses et fantaisistes – bien souvent accompagnées de leur chat (ou, pour certaines, de leur chien, entre autres bêtes improbables...). Et comme toutes les sorcières ordinaires, celles de ce jeu prennent des formes merveilleusement variées et partageront volontiers toute leur sagesse avec toi !

Contrairement au tarot, qui demande un certain niveau de connaissance et de pratique pour être dompté, le format oracle peut être utilisé à peine sorti de sa boîte. Tu vois ? C'est déjà utile et ludique ! Le jeu est divisé en quatre suites de dix cartes, chacune gouvernée par un élément : la Terre, l'Air, le Feu et l'Eau. Les nombres ont également chacun un thème général, mais toutes ces données n'ont pas à impacter ton utilisation des cartes, à moins que tu ne choisisses de t'y intéresser.

Nous avons volontairement conçu des cartes d'oracle qui s'appliquent à tous et en toutes circonstances. Contrairement au tarot, dont les illustrations ont un sens bien particulier, cet oracle est plus simpliste.

Utilise-le pour nourrir ton inspiration, ta divination ou ta magie, au gré de tes envies. Laisse ses cartes résonner de concert avec ta sagesse intérieure.

Sinon, tu peux aussi simplement tirer une carte par jour, pour t'amuser.

À toi de voir comment les utiliser.

Amuse-toi bien !

Chapitre 1

Comment utiliser ce jeu

Avant toute chose, sache qu'il n'y a pas de mauvaise façon d'utiliser ce jeu. Un oracle peut servir à nourrir ton inspiration ou te guider pour une action, un exercice divinatoire ou une opération magique. Ton imagination sera sa seule limite !

Contrairement aux cartes de tarot, dont le sens reste assez spécifique (bien qu'il puisse varier d'un tirage à l'autre), celles d'un oracle sont bien plus génériques. Ce qui les rend faciles d'utilisation et dotées d'un plus large spectre d'application.

Ce livre répertorie les trois lectures les plus évidentes pour chaque carte, mais libre à toi de faire tes propres interprétations. Ce guide est un tremplin, à toi de vivre ta propre exploration de l'oracle.

Par souci de simplicité, ce livre te propose trois approches par carte : action, divination et magie. Tu peux soit commencer par annoncer ton intention (« Aujourd'hui, j'utilise les cartes pour de la divination ») et tirer ensuite une ou plusieurs cartes dans cette optique, soit tirer une carte et choisir ensuite une option parmi les trois proposées (« Tiens, je vais plutôt choisir l'action, aujourd'hui »).

Les cartes de l'oracle sont généralement utilisées seules, mais ce chapitre te propose quand même quelques tirages basiques. Tu peux par exemple mélanger toutes les cartes et tirer celle qui se trouve en haut du paquet, ou bien les étaler sur la table et prendre celle qui t'appelle. Tu peux également toutes les mélanger une seule fois puis suivre carte après carte le cheminement du jeu pendant quarante jours, pour découvrir dans quel ordre elles se sont rangées.

Mon coven, le *Blue Moon Circle*, utilise régulièrement des cartes d'oracle pour des rituels, afin de recevoir des messages de l'Univers et de laisser les dieux et déesses nous guider. Par exemple, pour Imbolc, nous tirons une carte dans notre cercle pour découvrir ce que nous réserve l'année à venir. À l'équinoxe de printemps, nous « semons » nos intentions pour la saison à venir et tirons une carte pour voir sur quoi nous devrons travailler.

Je possède de nombreux oracles, certains dédiés à des déesses (pour approfondir une déesse que je connais encore mal) et d'autres chargés d'affirmations qui me renforcent. Certains proposent aussi des sortilèges basiques.

L'oracle *Histoires de Sorcières* peut être utilisé en rituel, pour un moment de tranquillité en tête-à-tête avec soi-même ou en parallèle de la lecture de ce guide. C'est à toi de choisir !

Pour chaque carte, tu trouveras une affirmation générale, puis des suggestions autour de trois axes possibles. La première, « action », simple et efficace : selon la carte, elle peut te guider pour une pensée ou une action concrète. Ensuite, « divination » : si tu utilises l'oracle à la manière d'un tarot, la carte tirée te transmet un message. Et enfin, « magie » : cette section te propose un exercice simple.

Prenons un exemple. Nous avons tiré « Porté par le courant », l'une des dix cartes de la suite de l'Eau. Voyons ce qu'elle nous dit.

Affirmation : « On a souvent le réflexe de lutter contre les défis et les obstacles que la vie met en travers de notre route, ou de rejeter en bloc certaines choses qui nous déplaisent. Ce n'est pas forcément mal, au contraire, c'est parfois nécessaire. Mais il faut savoir quand résister s'avère essentiel, quand cette résistance n'est qu'une perte d'énergie et quand il est préférable de se laisser porter par le courant. Parfois, il vaut mieux laisser tomber. En d'autres termes, tu n'y peux rien, alors accepte la situation avec sérénité et aie confiance, les dieux feront en sorte que tout finisse par s'arranger (même si le résultat n'est pas celui que tu attendais). »

Action

Participe à une activité simple et amusante. Laisse de côté tous tes doutes et tes problèmes, et contente-toi de vivre, juste quelques heures. Partage un repas entre amis ou en famille. Promène ton chien (les chiens savent mieux que quiconque suivre le mouvement). Laisse-toi flotter dans une piscine, à la mer ou dans ta baignoire. Accorde-toi un moment de tranquillité pour te contenter d'exister, tout simplement.

Divination

Si tu dépenses en ce moment tout ton temps, ton énergie et ta combativité pour pas grand-chose, cette carte te propose de faire une pause. Ne pourrais-tu pas régler ton problème en changeant simplement de point de vue, quitte à faire des compromis pour ménager tes efforts ? Prends du recul, laisse les choses se tasser. Parfois, il suffit de se laisser porter, juste un jour ou deux, histoire de lâcher prise.

Magie

Utilise de l'eau en mouvement (une rivière ou un ruisseau, la pluie, l'eau du robinet ou celle que tu verses d'une carafe), définis ton objectif et infuse-le dans l'eau. Sens tes intentions qui s'enfuient vers le monde par le courant. Puis lâche prise, oublie tes intentions ; si elles doivent fleurir un jour, elles fleuriront.

La scène te rend curieux, tu aimerais la visualiser ? Très bien, alors imagine une sorcière assise dans une barque, coiffée d'un chapeau noir, son chat perché à l'avant de l'esquif. On aperçoit sa rame tranquillement emportée par les flots, et pourtant elle sourit, apaisée bien qu'ayant perdu le contrôle de sa direction. Sa main fend paresseusement la surface de l'eau, la végétation luxuriante abonde sur la rive sous un soleil étincelant.

Ta première option : d'abord tirer une carte, t'imprégner de son illustration et, ensuite seulement, choisir l'une des trois options d'utilisation. Ta deuxième option : choisir avant même de tirer la carte si tu opteras pour l'action, la divination ou la magie. Ta troisième option : savourer simplement la carte tirée, accueillir son message général (on traverse tous des moments où l'on ferait mieux de se laisser porter par le courant) et reprendre ta journée.

Là encore, le choix t'appartient.

Chapitre 2

La division des cartes

Comme je l'ai évoqué plus haut, les quarante cartes du jeu sont scindées en quatre groupes composés de dix cartes chacun : la Terre, l'Air, le Feu et l'Eau. Non contents de faire partie intégrante de la pratique de la sorcellerie, ces éléments sont partout autour de nous. Dans cet oracle, chaque élément a un thème qui progresse au fur et à mesure de ses dix cartes. Bien sûr, libre à toi de trouver tes propres variations autour de ces thèmes, mais moi, voici comment je les ai rangés :

- *Terre :* ancrage et action pratique.
- *Air :* pensée et communication.
- *Feu :* créativité et passion.
- *Eau :* changement et mouvement.

Ces thèmes n'auront pas de grande incidence sur ton tirage si tu utilises le jeu tout entier (sauf si tu tires plusieurs cartes du même élément, auquel cas l'Univers cherche clairement à te transmettre un message !). En revanche, si tu souhaites te focaliser sur un aspect spécifique de ta vie, tu peux ne travailler qu'avec les dix cartes du thème correspondant.

Par exemple, si tu as le sentiment d'être coincé, embourbé, penche-toi sur la série de l'Eau ; mais si tu rencontres des difficultés interpersonnelles, la série de l'Air sera plus appropriée.

Chapitre 3

La progression des cartes

Unc fois les quarante cartes divisées en quatre thèmes, on distingue un schéma qui se dessine dans ces thèmes. N'oublie pas que le sens des cartes peut légèrement changer d'un tirage à l'autre, selon le contexte : un jour elles seront une source d'inspiration et, le lendemain, te serviront d'outils magiques. En outre, si une carte revient régulièrement lors de tes tirages, c'est que son message reste d'actualité.

Ce phénomène peut aussi s'appliquer au tarot. Je dis toujours aux personnes qui tirent régulièrement les mêmes cartes qu'un changement s'impose, soit en elles, soit dans leur quotidien. Alors seulement, les tirages se renouvelleront. Ce n'est pas forcément valable pour les cartes d'oracle, mais garde-le quand même à l'esprit si tu tires les mêmes cartes plusieurs fois d'affilée.

Les cartes 1 de chaque série introduisent l'élément dont il est question, chacune à sa façon. La première carte de la Terre s'appelle « Connecté à Gaïa », celle de l'Air « Imagine et Conçois », celle du Feu « Soleil et Étoiles » et celle de l'Eau « Eaux Salvatrices ». Toutes les quatre te proposent une façon d'aborder l'essence de leur élément.

Les cartes 2 sont dédiées au travail intérieur, elles t'accompagnent dans l'introspection. Ainsi, la deuxième carte de la Terre est « Hiberne et Régénère », celle de l'Air « Écoute la Sagesse », celle du Feu « Accepte l'Amour » et celle de l'Eau « Purifié Corps et Âme ». À toi de choisir comment les utiliser. Par exemple, la carte « Hiberne et Régénère » peut être l'occasion de te retrouver seul pour faire de la magie, de la divination, ou pour approfondir ton intuition.

Les cartes 3 sont toujours celles de la méditation, mais rassure-toi, tu n'es pas obligé de méditer au sens propre ! C'est surtout une façon de se montrer attentif. Si tu tires la carte de la Terre, « Médite pour explorer », l'Univers t'invite à réfléchir à un aspect de ta vie qui mérite d'être creusé. Pour l'Air, tu auras besoin de clarté. Le Feu s'intéresse à ta créativité, tandis que l'Eau te montre le chemin de la sérénité. Qui peut se passer de tous ces domaines ? Les cartes de méditation sont un tremplin, aussi bien pris au sens littéral qu'au travers des actions, divinations et magies proposées.

Les cartes 4, quant à elles, s'intéressent au travail à accomplir. Elles te proposent de te servir des quatre éléments comme d'outils pour instaurer un changement positif. Dans le cas de la Terre, la quatrième carte s'appelle « Ancré et Centré » et te donne trois façons possibles d'exploiter la Terre, mais toujours dans le but de te recentrer. L'Air, qui s'intéresse avant tout à la réflexion et la communication, te guide par sa quatrième carte vers la gratitude. Le Feu t'aide à trouver « Inspiration et Courage », tandis que l'Eau, le plus fluide des éléments, se focalise sur le « Changement et [sur le] progrès ».

Les cartes 5 tournent autour de la magie. Bien sûr, la magie peut se manifester sous bien des formes, mais ces cartes t'aident à trouver celle qui te correspond particulièrement aujourd'hui. Amuse-toi avec les aspects magiques de la Terre, de l'Air, du Feu et de l'Eau, ou laisse-toi simplement imprégner de l'illustration des cartes pour trouver la magie en toi.

Les cartes 6 t'invitent à agir. Pour la Terre, tu dois semer les graines, concrètement ou métaphoriquement. Dans la section de l'Air, la sixième carte annonce une « Leçon de vie » et t'invite non seulement à apprendre de l'Univers, mais à mettre cette nouvelle connaissance en pratique. La sixième carte du Feu te dit de céder à la passion en te consacrant à une activité que tu adores, tandis que la carte de l'Eau te recommande de bouger, que ce soit par une activité physique ou spirituelle.

Les cartes 7 prennent les devants en approfondissant ta résilience et ta force ou en priant pour que tes vœux se réalisent. Elles t'encouragent à poursuivre tes rêves ou à simplement te laisser porter par le courant. (Parfois, le seul fait de ne pas agir est une action en soi.)

Si la carte 3 est toujours une invitation à la méditation, la 8, elle, incarne une forme d'affirmation. Là encore, le message peut être à prendre au pied de la lettre ou sous la forme d'une divination ou de magie destinées à renforcer le positif. La huitième carte de la Terre se focalise sur ton essor, ta croissance, celle de l'Air sur ta résignation face à ta destinée. Le Feu aide ton cœur à cicatriser et l'Eau travaille sur un changement positif.

Les cartes 9 reportent leur attention sur l'action, elles approfondissent encore davantage leur connexion à chaque élément. Si tu suis la progression des cartes de chaque section, tu constateras que les choses rentrent peu à peu dans l'ordre. Pour la Terre, il s'agit d'abord de prospérité et d'abondance, là où l'Air t'encourage à exprimer le fond de ta pensée. Le Feu t'invite à distribuer ton amour. La carte de l'Eau, elle, évoque des larmes de joie et de tristesse, qui n'ont pas nécessairement besoin d'être des larmes au sens littéral. Il existe bien des façons de travailler avec l'eau, cette carte t'accompagne dans cette exploration.

Nous terminons sur la carte 10, l'accomplissement. Pour la Terre, cette conclusion est synonyme de « Récolte de saison », métaphorique ou littérale. L'Air se concentre sur les transformations, le Feu apporte joie et plaisir et l'Eau clôt la suite avec ses « Renaissance et Réinvention ».

Tous ces thèmes fonctionnent, que tu tires des cartes au hasard, quand l'envie te prend ou que tu respectes scrupuleusement l'ordre du jeu. Rappelle-toi toutefois que tu es libre, soit de suivre l'une des trois sections (action, divination ou magie) soit de te contenter d'accueillir le message que t'envoie l'Univers sans forcément faire quoi que ce soit. Il n'y a pas de bonne ou de mauvaise façon d'utiliser ce jeu, fais ce qui te correspond le mieux.

Chapitre 4

Quelques tirages simples

Généralement, les cartes d'oracle sont plutôt utilisées de manière individuelle : on tire une carte, pas plus. Mais tu pourrais avoir en tête une question précise ou vouloir réaliser un exercice plus complexe. Voici quelques suggestions basiques de tirages pour une à trois cartes.

Une carte

- Guidance : pour avoir une idée simple de ce sur quoi tu dois te concentrer, mélange les cartes et tires-en une au hasard.
- Inspiration : si tu as besoin d'une carte spécifique pour t'inspirer ou à poser sur ton autel, cherche dans le jeu celle qui contient l'illustration, le symbole ou le message qui t'inspire.
- Exploration : pour explorer le jeu tout entier ou t'intéresser à l'un des quatre éléments en particulier, tire toutes les cartes les unes après les autres.
- Plaisir : tire simplement une carte au hasard, puis applique l'option qui t'attire le plus.

Divination

- Couche ta question sur papier, puis tire une carte au hasard, soit après avoir mélangé le jeu, soit en les ayant étalées devant toi.

Magie

- Tire une carte et applique l'opération de magie proposée. Tu peux prendre une carte au hasard ou choisir celle qui te paraît cohérente aujourd'hui, par exemple un soir de pleine lune ou pour un sabbat.

Deux cartes

- Passé et présent : mélange le jeu et tire une carte qui représente une influence venue de ton passé, puis une autre représentant une influence au présent. Réfléchis à ce à quoi elles renvoient dans ta vie et à la façon dont elles pourraient influer sur tes actions aujourd'hui.
- Deux cartes au même nombre : choisis volontairement deux cartes portant le même chiffre, de deux éléments différents. Si par exemple tu choisis deux cartes 4, réfléchis à une façon d'utiliser l'une, puis l'autre pour une expérience plus puissante. Par exemple, si tu as choisi la Terre et le Feu, tu peux faire l'un des exercices proposés par « Ancré et Centré » puis t'appuyer sur le fruit de cet exercice pour ensuite travailler ton inspiration et ton courage.
- Deux cartes au même objectif général : si tu vises un objectif particulier, utilise deux cartes similaires. Par exemple, si tu souhaites avancer sur le plan de la prospérité, prends « Sème les graines », puis enchaîne avec « Prospérité et Abondance », que tu choisisses ou non d'appliquer l'action, la divination ou la magie.
- Inspiration : comme pour l'option de tirage à une seule carte, si tu as besoin d'inspiration, tu peux

tirer les deux cartes les plus symboliques à tes yeux, réfléchir à leur message, puis les poser sur ton autel.

- Aujourd'hui et demain : passe du temps avec les cartes, mélange-les longuement en réfléchissant à tes envies, à comment faire pour les concrétiser, puis tire deux cartes.

Trois cartes

- Passé, présent, futur : ce tirage se base sur le même principe que « passé et présent » détaillé plus haut, à la différence qu'une troisième carte vient représenter ce sur quoi tu devrais porter ton attention à l'avenir. Observe la façon dont les cartes résonnent ensemble. Remarques-tu un schéma ? Y a-t-il un aspect de cette carte du passé qui influe sur ton présent ? Quelle leçon peux-tu tirer de la carte du présent ? Que dois-tu surmonter pour passer à la carte dédiée au futur ?
- Jeune Fille, Mère, Vieille Femme : pour ce tirage, le message est à trouver soit au travers des trois phases de la Déesse, soit dans ton Moi jeune, actuel ou futur. Quelle sagesse t'apportent-ils ?
- Trois cartes au hasard : mélange le jeu et tire trois cartes au hasard. Elles peuvent toutes t'apporter le même message (par exemple, les trois cartes « Hiberne et Régénère », « Médite pour explorer » et « Renaissance et Réinvention » t'invitent toutes à d'abord régler tes problèmes enfouis avant d'espérer pouvoir avancer dans la vie). Tu peux également tirer trois aspects différents de ton chemin auxquels tu devrais t'intéresser. Vois si tu ne distingues pas un schéma récurrent ou un point commun entre les trois illustrations.

Chapitre 5
Les cartes

Terre : ancrage et action pratique

1. Connecté à Gaïa

« La Terre est notre Mère, et si notre lien à elle se rompait, c'est tout l'équilibre de notre vie qui en serait chamboulé. Le monde moderne a le chic pour nous éloigner de nos racines d'êtres vivants sur une planète qui respire. Reconnecte-toi à Gaïa, déesse de la Terre, par le sol que tu foules ou par les plantes autour de toi. »

Action

Sors prendre l'air, foule la terre, lève les bras au ciel et sens la connexion venue d'en haut comme d'en bas. Aspire son énergie venue du sol et, en échange, rends-lui un peu de la tienne. Si tu n'as pas la possibilité de sortir, mets-toi debout, les pieds bien à plat où que tu sois, et sens l'énergie qui remonte au travers des couches qui te séparent du sol. Peu importe l'altitude où tu te trouves, la Terre est toujours là, quelque part sous ton corps.

Divination

La vie moderne est pleine de distractions. N'oublie pas de t'accorder un moment de connexion avec la Terre, à l'écart du bruit du monde. Reste connecté à l'essentiel, spirituel autant que pratique, et à ce qui sert de support à tes efforts.

Magie

Installe-toi confortablement, assis ou debout devant ton autel, le cristal ou la pierre de ton choix dans les mains. Allume une bougie et concentre-toi sur la pierre. Te paraît-elle chaude, forte ou réconfortante ? Cette pierre semble-t-elle booster ta pratique de la magie en faveur de la prospérité, de la guérison, de la paix ou de tout autre objectif particulier ?

2. Hiberne et Régénère

« Parfois, il suffit de s'écarter du monde un instant. De se reposer, de se recentrer, de se recharger, afin d'en revenir plus fort et capable de gérer tout ce qui nous attend à la sortie de notre grotte. »

Action

Fais la sieste, médite ou retire-toi au calme avec un bon roman. Caresse un chat, joue avec un chien. Ne culpabilise pas de cette pause au milieu de ta course effrénée. Le monde est un lieu mouvementé, nous avons tous besoin de calme pour que notre esprit respire après tout le travail qu'il accomplit dans l'ombre de nos actes.

Divination

D'après cette carte, tu n'as pas accordé assez de temps à la tranquillité et à la solitude. Aurais-tu besoin de faire une pause, loin de personnes ou de contextes stressants (ou même, loin d'internet) ? Il est parfois difficile de prendre du temps pour soi, mais à trop tirer sur la corde, on frise le point de rupture. Cinq minutes peuvent suffire pour respirer.

Inutile de partir en hibernation totale, une petite promenade ou un moment passé assis dehors à jouer avec de la terre sont amplement suffisants.

Magie

Crée une grotte magique où te retirer. Devant ton autel ou dans tout autre lieu confortable, allume une bougie (noire ou blanche) dans une pièce obscure. Passe de la sauge sur ton corps ou utilise un bol d'eau salée pour te laver de tous les soucis de ta journée. Concentre-toi ensuite sur la bougie et imagine-toi en sécurité dans ta grotte, loin du reste du monde. Essaie de t'en faire l'image la plus nette possible et restes-y un moment, protégé, au calme. Puis demande-toi : « Quelles réponses sont tapies au fond de moi ? » ou « Qu'est-ce qui m'a échappé pendant que je courais partout sans m'arrêter ? » Accueille les images ou les pensées qui te viennent sans les juger ni chercher à tout prix à leur donner un sens. Une fois prêt, éteins la bougie et ressors de ta grotte.

3. Médite pour explorer

« Notre culture nous pousse vers des plaisirs immédiats vides de sens, elle décourage le travail intérieur, celui qui demande du temps et de l'énergie. Pourtant, le peaufinage des détails, l'exploration des méandres de notre cœur et de notre Âme, c'est tout aussi important. Il faut creuser loin sous la surface pour découvrir la vérité. Tu as tous les outils en main, à toi de jouer. La méditation peut mener vers des profondeurs insoupçonnées. »

Action

Médite sur le paragraphe précédent en te concentrant sur l'illustration de la carte. Pose-toi la question : « À quels domaines de ma vie devrais-je prêter plus attention ? Que devrais-je approfondir ? Qu'ai-je peur de découvrir ? Et comment laisser cette crainte derrière moi pour avancer l'esprit léger ? »

Divination

Cette carte t'invite à t'intéresser de plus près à un problème actuel. Tu sais déjà duquel on parle. Elle te rappelle que la fuite n'est pas la solution : cherche plutôt les réponses au fond de toi... au risque qu'elles te déplaisent. L'Univers pourrait te surprendre, et tu pourrais même découvrir de jolies choses que tu n'aurais jamais trouvées en surface.

Magie

Dans un lieu sacré (ce peut être au sein d'un cercle de rituel ou dans un lieu que tu considères sacré), prépare un tas de terre. Si tu es dehors, utilise la terre de ton jardin. À l'intérieur, tapisse le fond d'un saladier de terreau pour plantes vertes. Concentre-toi sur un domaine de ta vie que tu aurais besoin de travailler ou sur des questions restées sans réponse. Puis prononce ce simple sortilège en creusant lentement la terre, gagné par la sagesse qu'elle t'apporte : « Terre si profonde, terre si sage, montre-moi ce que cache mon sillage. »

4. Ancré et Centré

« Le monde est chargé de distractions qui nous tiraillent. Il suffit d'une courte pause pour se recentrer et reprendre des forces avant de surmonter tous les obstacles ; cet ancrage est une excellente préparation à tout travail magique et peut également constituer un simple rituel du matin avant de quitter la maison pour affronter la journée qui commence. »

Action

Choisis une activité qui te stabilise. Certains feront du yoga, d'autres méditeront, d'autres encore iront s'asseoir au pied d'un arbre. Trouve ce qui te recentre et fais-le. La respiration est une bonne entrée en matière, alors si tu as besoin de te recentrer, prends trois longues inspirations, puis expire. Ce faisant, ressens l'énergie envoyée par la Terre sous tes pieds.

Divination

As-tu l'impression de t'être éparpillé, ces derniers temps, pris de frénésie ? Cette carte est une invitation à l'ancrage régulier, et pas seulement pour préparer une opération magique. Observe la sorcière sur la carte, n'a-t-elle pas l'air sereine ? Ce type d'apaisement paraît souvent hors de portée, mais c'est en s'ancrant que l'on prend la bonne direction.

Magie

Assieds-toi ou reste debout les pieds bien à plat (en extérieur si possible, sinon chez toi, à ta convenance). Prends un cristal dans tes mains, tout près de ton nombril. Puise dans cette force tellurique, laisse-la remonter par ton centre, puis redescendre vers tes pieds pour te connecter à la terre. Ferme les yeux et imagine tes racines qui se déploient dans le sol, imagine le message divin qui remonte à la surface. Que te dit-il ? Remercie les éléments pour ce présent.

5. Magie de la Terre

« La magie de la Terre est au cœur même de notre pratique, en tant que païens, sorciers ou même simplement en tant qu'humains. La Terre supporte nos pas quand nous marchons, elle fournit le sol sur lequel nous bâtissons nos maisons, de ses sols fertiles jaillit la vie. Nous n'avons qu'une planète, or par sa magie tellurique – par les cristaux, les herbes ou ne serait-ce que le sel – nous nous rappelons l'importance de la Terre dans notre magie et dans notre vie. »

Action

Promène-toi et regarde toutes ces pousses en croissance, sème de nouvelles graines dans ton jardin ou dans un pot de fleurs chez toi. Donner la vie par la terre, la regarder grandir et s'épanouir, c'est magique. Plus concrètement, fais une bonne action pour la Terre : plante un arbre par exemple, ramasse les ordures qui traînent ou crée un lieu accueillant dans ton jardin pour les oiseaux ou autres petites bêtes.

Ce faisant, sois attentif à ta connexion à la Terre et gonfle ton cœur de gratitude pour ses présents.

Divination

Cette carte est une invitation à la magie ! Chacun a sa propre définition de la magie, alors choisis un acte magique qui te reconnecte à l'élément Terre et fais-le aujourd'hui. Pas besoin d'un rituel long et complexe (sauf si tu en as envie). La magie nourrit l'Âme comme la terre nourrit le corps. Fais quelque chose de magique. Ton esprit te remerciera.

Magie

Promène-toi et ramasse la première pierre que tu croises. Regarde si tu distingues des formes et des symboles sur sa surface. Si tu as des pierres précieuses ou des cristaux chez toi, utilise l'un de ceux-là. Les cristaux, en particulier, sont souvent creusés de sillons ou de fractures internes qui paraissent se modifier d'un jour à l'autre.

6. Sème les graines

« Tout ce qui fleurit est un jour parti d'une petite pousse, d'une graine, métaphorique ou bien réelle. Ce peut être une graine d'idée, un nouveau départ ou un jardin d'herbes magiques. Il faut semer, puis arroser et voir germer. Le soin porté aux graines demande des efforts, mais parfois, le plus dur reste de faire le premier pas : planter. Et toi, quelles graines sèmes-tu dans ta vie ? »

Action

Sème une graine. Que dis-je, sème dix graines, elles sont si petites ! Tu aimes les fleurs ? Tu aimes cuisiner ? Alors plante des herbes aromatiques ou des légumes basiques tels que la laitue ou les épinards. Ils poussent vite et apportent une gratification presque immédiate. Tu veux de la magie ? Sème les graines d'herbes magiques (si tu vis dans un climat chaud ou sec) ou de la sauge blanche à utiliser ensuite en bâtons de fumigation. En outre, tu peux bien sûr lancer un nouveau projet, c'est tout aussi valable. Plante tout ce qui peut pousser et te procurer de la joie !

Divination

Cette carte ne t'invite pas forcément au jardinage à proprement parler, elle te suggère plutôt d'entamer un nouveau chapitre. Cherche un nouveau travail, embarque dans une aventure ou encourage une relation naissante. Sème les graines d'un avenir en croissance, quitte à commencer petit. Tu avais une idée de projet ? Cette carte est le signe qu'il te fallait pour te lancer !

Magie

La plupart des sorcières utilisent les plantes dans leur pratique de la magie. En les cultivant toi-même, tu leur insuffles ton énergie dès le départ, ce qui renforcera encore leur puissance. Choisis une herbe facile à cultiver (les plus courantes sont généralement les plus simples) et prépare une parcelle dans ton jardin, si tu en as un, ou dans un pot en intérieur. Enfonce profondément la graine dans la terre en prononçant la formule : « Élément Terre, reçois ces graines que je dédie à la pratique de la magie blanche. Nourris-les, renforce-les et bénis-les de ton pouvoir. » N'oublie pas de t'en occuper régulièrement et remercie la plante le jour où tu en coupes une tige pour une opération magique.

7. Force et Résilience

« La notion de force peut avoir un sens différent à différents moments de la vie. Elle peut évoquer notre forme physique pour courir un marathon, escalader des montagnes ou danser jusqu'au petit matin. Elle peut renvoyer à notre force émotionnelle ou à notre capacité à triompher de l'adversité. Tout le monde n'est pas Superman ou ne peut pas sauter d'un bâtiment à l'autre, mais nous avons tous de la force là où elle est nécessaire. Parfois, cette force dépend moins de nos muscles que de notre volonté. »

Action

Fais une activité qui te met au défi, qui requiert plus d'énergie que celle dont tu crois disposer. Marche plus loin que ton objectif. Tiens tête au tyrannique. Abandonne une addiction. Sois fort. Tu peux y arriver.

Divination

Cette carte peut porter deux messages différents. Si tu as un projet en tête et que tu te demandes si tu en es capable, la réponse est oui, alors fonce ! Tu as la force et la capacité d'y arriver. Si tu as simplement tiré une carte pour t'inspirer ou t'informer, écoute ce message : tu es plus fort que tu ne le penses. Reprends courage.

Magie

Pour un simple sortilège de force et de courage, allume une bougie orange, blanche ou marron. Concentre-toi sur ce que la force représente pour toi et puise dans l'énergie de la Terre sous tes pieds. Imagine tes racines qui s'enfoncent solidement dans le sol, ton tronc droit et puissant. Tes bras telles des branches tendues vers le ciel, dis : « Terre, prête-moi tes forces, rends-moi solide comme un chêne, capable d'affronter les tempêtes de la vie. »

8. Affirme ta croissance

« Dans la vie, il faut grandir, c'est essentiel. L'inverse de cet essor, c'est la stagnation, or personne ne veut être coincé, inactif, à ne jamais aller de l'avant. Grandir demande des efforts qui peuvent faire peur. Cela ne vient pas tout seul, il faut le nourrir, l'encourager, que cet essor vienne de ton corps, de ton esprit ou d'un domaine de ta vie, comme ta carrière ou tes rapports humains. Qu'aimerais-tu voir grandir et prospérer dans ta vie ? »

Action

Lance-toi dans une action qui impactera ta vie positivement. Ou tends la main vers quelqu'un pour l'aider à grandir, comme un enfant qui aurait besoin de tes conseils ou un ami à qui prêter main-forte. Fais un acte qui nourrit la terre ou soigne ton jardin (ou tes plantes d'intérieur).

Divination

Cette carte t'annonce que l'inertie a assez duré. As-tu entamé un projet resté en pause ? Consacre-lui plus d'énergie et d'attention. Sinon, fais le point sur ta vie. Prend-elle la direction que tu voulais ? Si la réponse est non, comment pourrais-tu rectifier sa trajectoire ? Tes relations humaines sont-elles épanouies ? Pourrais-tu mieux les soigner ? Cette carte te rappelle que tout essor nécessite d'être encouragé.

Magie

Fais la liste de ce que tu voudrais voir fleurir dans ta vie et glisse ce papier au fond d'un pot que tu remplis ensuite de terre. Ajoute quelques graines (ou une pousse, si l'idée de partir de zéro t'intimide) et tiens le pot dans tes mains quelques minutes. Réfléchis à ce que tu pourrais faire pour aider ces graines à pousser – quelles actions concrètes – et fais-toi la promesse de t'y tenir. Envoie cette intention dans l'Univers. Ensuite, pose le pot sur ton autel ou en lieu sûr, là où tu le verras souvent, pour te rappeler ton engagement.

9. Prospérité et Abondance

« Il y a une nuance entre prospérité et abondance, et nous avons tous notre définition personnelle de ces notions. La prospérité est généralement liée à la réussite financière, mais elle peut aussi renvoyer au succès et à la chance, choses que l'on peut obtenir sans forcément passer par l'argent. L'abondance, c'est posséder ce dont on a besoin, voire un peu plus. Ton impression de baigner dans la prospérité et l'abondance tient moins de tes finances que de ta philosophie de vie. Garde toujours un œil sur ce qui fait ton bonheur, pas seulement sur les sous que tu as en poche. »

Action

Voir le verre à moitié vide, c'est facile. On a toujours l'impression qu'il nous manque quelque chose. Mais quand on se compare à d'autres, on s'aperçoit vite que l'on n'est pas si mal lotis. Prends une feuille de papier et trace un trait vertical au milieu. Dans la colonne de gauche, écris ce que tu aimerais avoir (une nouvelle voiture, un meilleur travail, un plus bel endroit où vivre ou le dernier livre de ton auteur préféré). Dans l'autre colonne, écris ce que tu possèdes déjà (un toit au-dessus de ta tête, de quoi manger, des gens qui t'aiment...). Qu'il s'agisse de grandes choses ou de détails, écris tous les aspects positifs de ta vie. Étudie les deux colonnes. L'une des deux est-elle plus longue que l'autre ? Reprends celle des choses que tu « convoites » et barre ce dont tu n'as pas vraiment besoin. (Il n'y a rien de mal à vouloir des choses, mais il est parfois bon de faire la différence entre « vouloir » et « avoir besoin ».) Regarde à nouveau ces listes. Je parie que tu seras surpris.

Divination

Cette carte t'invite à mesurer ta chance. L'Univers t'annonce que tu disposes de tout ce dont tu as besoin et envie. Si tu t'interroges sur un projet ou sur un objectif particulier, la réponse est vraisemblablement oui ; tu réussiras. Mais c'est surtout le symbole de tout ce que tu possèdes déjà, n'oublie pas de l'apprécier.

Magie

Un petit sort de prospérité basique. Prends une pièce (une pièce de valeur serait un plus, mais n'importe quelle pièce – même de quelques centimes – fera l'affaire) dans tes mains. Ferme les yeux et pense à la forme sous laquelle tu aimerais que la prospérité vienne à toi – argent, cadeau, un besoin spécifique comblé, un nouveau travail, tout ce que tu veux – et envoie ce désir dans l'Univers et dans la pièce de monnaie. Puis enterre cette pièce dans un pot de fleurs ou dans ton jardin si tu en as un. Tapote la terre en la remerciant, puis fais tout ce qu'il faut pour que tes vœux de prospérité deviennent réalité, en sachant que tu leur auras donné un coup de pouce magique.

10. Récolte de saison

« Avec une louche de travail et un soupçon de chance, nos actions finissent toujours par porter leurs fruits. Quand tu savoureras ta récolte, prends le temps de fêter cela ! Qu'il s'agisse de légumes dans ton potager ou d'un projet qui a abouti, prends un moment pour respirer et remercier cette réussite, après tout le temps et les efforts fournis. »

Action

Tu auras beau faire, la vie te réservera toujours son lot d'imprévus et de déceptions. D'où l'importance de ces moments de fête après une victoire, grande comme petite. Prends par exemple ta dernière réussite en date (c'est peut-être simplement d'avoir survécu à une dure journée au travail) et félicite-toi en te préparant ton plat préféré, en prenant un bon bain chaud ou en partageant un moment entre amis. Vas-y !

Divination

Il est temps de terminer un projet, de finaliser ce sur quoi tu travaillais ou d'obtenir la récompense pour ton labeur. Et si c'est déjà fait, alors cette carte annonce que l'heure est à la fête. Youpi !

Magie

La magie est dans la nourriture, surtout fraîche et saine. Offre-toi un festin (aussi petit soit-il, comme un saladier de fruits rouges) seul ou entre amis. Choisis les fruits et légumes les plus frais possibles et demande aux dieux de les bénir avant de t'en régaler. Remercie la Terre de les avoir fait pousser et mange-les en conscience, convaincu de puiser dans la force de la Terre à chaque bouchée.

Air : pensée et communication

1. Imagine et Conçois

« L'imagination est centrale dans toute pratique de magie. Si tu travailles dans un but précis, c'est important de visualiser le résultat attendu. Pour les dieux et les déesses, à moins d'avoir la chance de les rencontrer de nos propres yeux, nous trouvons des images qui nous aident à nous les représenter. Notre imagination est sans cesse sollicitée : pour les prières, les rituels, les sorts, la méditation... Or c'est comme tout, l'imagination s'aiguise à force d'être pratiquée. Alors désormais, laisse-la s'exprimer. »

Action

Il existe des milliers de façons différentes de faire appel à ton imagination. Invente une histoire (pour toi ou à raconter à des enfants), dessine, peins ou, simplement, rêvasse. Pense à des créatures magiques, à quoi elles ressembleraient si tu les voyais en vrai. Imagine-toi en pirate, en princesse ou en sorcier. Ne serait-ce que quelques minutes par jour avant de t'endormir, invente des histoires folles et merveilleuses. Ou imagine cinq minutes de paix, assis au bord de l'océan, cela fonctionne tout aussi bien.

Divination

Cette carte t'invite à ne pas lésiner sur l'imagination. En refusant de voir l'océan de possibilités qui s'étend à tes pieds, tu te rends aveugle aux solutions qui régleraient ton problème. Le découragement te gagne, tu as besoin de rêver grand. Laisse aller ton imagination et vois ce qu'il en ressort. Sois attentif.

Magie

L'imagination est un outil magique essentiel. Pour t'entraîner à l'utiliser, choisis un domaine à travailler aujourd'hui – prospérité, amour, paix, guérison ou autre. Allume une bougie jaune (une blanche peut faire l'affaire) et contemple la flamme. Distingue des silhouettes dans la lueur vacillante et ferme les yeux pour les laisser prendre forme dans ton esprit. Imagine les étapes à franchir pour atteindre ton objectif. Par exemple, si tu travailles sur la guérison, imagine qu'une couverture de lumière vient envelopper ton corps. Rends ces images aussi nettes que possible.

2. Écoute la Sagesse

« Nous sommes sans cesse exposés au bruit – la télévision, les téléphones et même notre propre voix. Il peut s'avérer complexe d'entendre au-delà de ce bourdonnement permanent. Pourtant, nous avons tous besoin de revenir un instant au silence pour mieux écouter. Pour écouter vraiment. Tu as pu passer à côté d'un message que l'Univers et les dieux ont voulu te transmettre, ou tu as peut-être été sourd à ta sagesse intérieure qui hurle pour se faire entendre. Comment le savoir, si tu ne prends pas le temps d'écouter ?

Action

Mets-toi au calme. Si tu es chez toi, éteins ton portable, la télévision et tous les objets bruyants. Si cela peut t'aider, éteins la lumière ou sors au clair de lune. Assieds-toi près d'un point d'eau, s'il y en a un près de chez toi. Puis... reste là un moment. Sans rien faire. L'esprit apaisé. Et pose-toi la question : « Quel message dois-je recevoir ? » Et écoute. La réponse peut venir aussi bien de l'extérieur que de ton for intérieur.

Divination

D'après cette carte, tu passes à côté de quelque chose. Quelqu'un – une personne proche, un dieu ou ta sagesse intérieure – essaie de te dire quelque chose (pas forcément avec des mots), alors *tais-toi* et *écoute* !

Magie

Pour recevoir le message qui t'est destiné, suis les instructions du paragraphe « action », mais avant de t'installer, trace un cercle magique pour faire ton travail d'écoute dans un lieu sacré. Tu peux allumer une bougie ou te passer de la fumée de sauge sur le corps pour chasser les résidus de ta journée. Puis demande au pouvoir de l'Air de favoriser le trajet de cette information jusqu'à toi. Ouvre une fenêtre, si c'est possible, et vois si le vent te murmure un message.

3. Médite pour clarifier

« Parfois, il est difficile de voir les choses avec clarté. Plus on a le nez sur un problème, moins on a de recul. C'est d'autant plus vrai quand on réfléchit à notre propre personne ou à nos soucis du quotidien, et pire encore lorsqu'une émotion forte entre en jeu. Pour autant, il n'est pas impossible de voir les choses avec clairvoyance, cela demande simplement un peu plus d'efforts. »

Action

Médite sur cette affirmation tout en regardant l'illustration de la carte. Demande-toi : « Suis-je capable de poser sur moi-même un regard clair et franc ? Et sur les gens et les situations qui me touchent ? Y a-t-il quoi que ce soit dans mon cœur qui mériterait mon attention ? » Mets tes émotions de côté et contente-toi de vivre et, cette fois, prends du recul.

Divination

Il est temps d'éclaircir une situation ou de t'intéresser à un problème que tu étudiais jusqu'à présent au travers d'un brouillard installé par tes émotions ou par ta crainte du regard des autres. Méfie-toi des images visibles en surface, assure-toi que ce ne sont pas des illusions.

Magie

Prends un saladier de couleur sombre et remplis-le d'eau. Allume une bougie et pose-la de sorte que sa flamme vienne se refléter dans l'eau, puis passe un bâton de fumigation à la sauge autour de toi et au-dessus de l'eau. Une fois la fumée dissipée, dis : « Grands dieux, aidez-moi à ouvrir mon cœur et à voir le monde avec clarté. » Puis regarde dans l'eau et vois si quelque chose apparaît, dans le saladier ou dans ton esprit. (Tu peux te concentrer sur une question ou sur une situation spécifique.)

4. Gratitude

« Quand le négatif nous submerge, on peut avoir tendance à ne plus voir tout ce qui est positif. Pourtant, c'est dans ces moments-là qu'il faudrait faire une pause et remercier l'Univers pour ce que l'on a, au lieu de se focaliser sur ce qui nous manque. Si tu as des problèmes de santé, pense à toutes les parties de ton corps qui se portent à merveille ou remercie celles qui luttent, car elles font ce qu'elles peuvent dans les circonstances actuelles. Tu n'es pas assez riche ? Sois heureux de l'argent que tu possèdes déjà. Et remercie particulièrement tes proches, présents dans les bons comme les mauvais moments. Les études scientifiques ont prouvé que se sentir reconnaissant était bon pour la santé. Mais tu le savais déjà, n'est-ce pas ? Parfois, c'est bon de s'en rappeler et de dire merci. »

Action

De quoi es-tu reconnaissant ? Prends cinq minutes par jour, par exemple au réveil ou juste avant de t'endormir, pour lister tout ce dont tu es heureux, y compris de la présence de tes proches. Inutile d'aller bien loin, tu peux être heureux d'avoir un chat qui ronronne, d'avoir assisté à un coucher de soleil, de pouvoir manger à ta faim, qu'une personne t'ait laissé passer dans la file d'attente... Tout ce qui a pu rendre ta vie plus douce. Fais-le pendant une semaine et vois si tu te sens mieux, ou en tout cas plus conscient du bon présent dans ta vie.

Divination

Si tu as tiré cette carte, c'est pour te rappeler de dire merci. Remercie les dieux, l'Univers, tes proches et toi-même pour le dur labeur accompli (et pour avoir réussi à te tirer du lit les matins où cela paraissait impossible). Demande-toi si tu as fait preuve de gratitude ou si, au contraire, tu t'es focalisé sur le négatif, à en oublier d'être heureux de toutes les belles choses de ton quotidien.

Magie

Prépare plusieurs bougies chauffe-plats sur une assiette. Dans le noir, allume une grande bougie (ou un feu, si c'est possible) et gonfle ton cœur de gratitude pour toutes les choses qui illuminent ton quotidien. Remercie ton dieu ou ta déesse (ou les divinités en général) pour tous leurs présents. Allume l'une des petites bougies chauffe-plats et dis merci pour une chose en particulier. Répète cette action pour autant de bougies que tu le souhaites.

Envoie ensuite toute cette reconnaissance dans l'Univers, de toutes tes forces, puis pose les mains sur ton cœur et remercie-toi d'avoir été présent et attentif. Si tu veux, tu peux conclure en disant : « Je remercie le Dieu et la Déesse pour leurs nombreux présents et leur demande de m'aider à continuer de me montrer attentif et d'apprécier ma chance. »

5. Magie de l'Air

« Sans air, pas de vie. Mais contrairement à l'élément Terre, solide et palpable, l'élément Air est éphémère, plus complexe à visualiser. On ne peut pas s'emparer d'un bout d'air de la même façon que l'on ramasse un caillou, d'où les objets tiers qui nous permettent de symboliser l'Air : une plume, de l'encens, etc. Pourtant, il n'en est pas moins vital que la terre, ni moins puissant – toute personne ayant survécu à un ouragan te le dira. Accueille le pouvoir de l'Air à chaque inspiration et expire toute ta gratitude dans la brise. »

Action

Il existe une façon simple de se connecter à la magie de l'Air, et tu le fais en permanence : par la respiration. Mais au lieu de respirer sans réfléchir, assieds-toi et ressens l'air qui entre et sort de tes poumons. Sens le pouvoir que tu aspires, la purification qui s'opère en toi et les résidus dont ton expiration te débarrasse. Si tu veux, imagine que l'air inspiré est d'une certaine couleur (jaune, par exemple), et celui que tu expires est d'une autre couleur (grise, puisqu'il te débarrasse de la négativité). Remercie l'élément pour ses présents.

Divination

Cette carte t'invite à une activité magique liée à l'Air ! Tu peux faire l'exercice de respiration décrit plus haut ou sortir au grand air, dans le vent, pour te connecter consciemment au pouvoir de l'Air. Si tu as des soucis de santé ou émotionnels, fais brûler un bâton de sauge et laisse la fumée dissiper toute la négativité et la maladie.

Magie

Pour te connecter à la magie de l'Air, allume une bougie blanche ou jaune. Si tu veux, tu peux poser une plume devant la bougie pour symboliser cet élément. Puis fais brûler de l'encens ou un bâton de fumigation à la sauge et souffle dessus (si tu peux opérer dehors, laisse la brise souffler à ta place). Contemple les volutes de fumée qui s'élèvent vers les nuages : y vois-tu un message ? Laisse-toi envelopper de cette fumée, connecte-toi à l'élément dans toute sa magie.

6. Leçon de vie

« Un jour, quelqu'un a dit que celui qui n'apprend pas de ses erreurs est voué à les répéter. As-tu tiré des leçons de la vie au fur et à mesure, ou t'obstines-tu à répéter toujours les mêmes choses sans comprendre pourquoi ta situation n'évoluait pas ? Il existe bien des façons d'apprendre : par les livres, l'expérience, la sagesse des autres. Mais pour devenir une meilleure personne, il est important de toujours apprendre de la vie, que l'on soit grand ou petit. Et toi, qu'as-tu appris aujourd'hui ? »

Action

Fais l'effort d'apprendre quelque chose de nouveau aujourd'hui. Tu peux t'essayer à un nouveau domaine et voir ce qui se passe, faire des recherches ou lire un extrait de livre d'un auteur que tu adores. Ou si tu peux, discute avec une personne qui a vécu des expériences inédites pour toi. (Astuce : les personnes plus âgées ont énormément de choses à t'apprendre ! Tu pourrais discuter avec un parent, un grand-parent, l'aîné de ta communauté, un voisin, et leur demander ce qu'ils ont appris dans leurs voyages.)

Divination

Tu devrais prêter plus attention aux leçons que t'envoie l'Univers. Y a-t-il un domaine dans lequel tu t'acharnes dans la mauvaise voie, faute de ne pas avoir appris de tes erreurs ? Arriverais-tu à améliorer ton quotidien en déployant davantage ta connaissance ? Essaie de croquer la vie à pleines dents !

Magie

Parfois, on a besoin d'aide pour trouver quelle leçon tirer d'une situation (surtout quand de fortes émotions sont en jeu). Assieds-toi devant une bougie jaune ou blanche. Si tu le souhaites, tu peux également poser un livre en symbole de la connaissance. Allume la bougie et dis : « Dieu et Déesse, aidez-moi à apprendre de la vie pleinement et gracieusement tant que faire se peut. »

7. Vœux et Prières

« Un sort, c'est un peu comme une prière, une façon de transmettre ses espoirs, ses pensées, ses volontés et ses inquiétudes à l'Univers, d'attirer l'attention et l'aide des dieux. Parfois, les prières sont une sorte de vœu : "Faites que cette situation s'améliore, j'aimerais plus d'argent, j'aimerais trouver l'amour." D'autres fois, elles s'adressent à un dieu ou à une déesse en particulier, ou aux pouvoirs universels à l'œuvre. Quelle que soit ton opinion sur les prières, nous avons tous des moments où, sous une forme ou une autre, nous avons besoin de prier en espérant obtenir une réponse. »

Action

Pense à ce dont tu as vraiment besoin ou envie. Pas aux petites choses, mais aux grandes, les plus importantes. Et puis, comme on le faisait tous quand on était petits, attends l'apparition de la première étoile dans le ciel et envoie-lui ton vœu de toutes tes forces en disant : « Étoile lumineuse, étoile radieuse, première étoile que je contemple ce soir. Si je le pouvais, je te demanderais d'exaucer mon vœu dès ce soir. »

Divination

Tu as tiré cette carte, c'est qu'il est temps de demander aux instances supérieures un petit coup de pouce. Tu peux également investir plus d'énergie à tenter de réaliser tes vœux les plus chers.

Magie

Si un sortilège est une forme de prière, alors tu pourrais transformer tes souhaits en sorts. Écris sur un papier ce que tu aimerais demander. Bénis cette prière par le pouvoir de l'Air en agitant une plume au-dessus d'elle ou en l'embaumant d'encens ou de sauge. Puis dis : « Je prie que mes rêves se réalisent, j'implore l'aide des dieux. Je fais ces vœux, plus ou moins vieux, dans la confiance et la vérité absolues. » Tiens le papier dans tes mains et insuffle-lui toute la force de ta prière, puis place à l'origami : plie cette feuille en petit avion et lance-le vers le monde. (Si tu n'as pas accès à l'extérieur, fais-le voler vers ton autel ou tout autre espace sacré.)

8. Accepte ta Destinée

« Il existe une prière qui dit : “Que Dieu m’accorde la sérénité d’accepter les choses que je ne peux changer.” Parfois, on a beau faire, il y a des réalités auxquelles on ne peut rien. Maladie, rupture, licenciement… Il existe, malheureusement, de nombreuses choses de la vie que l’on ne peut pas réparer. Abandonner la bataille n’a rien de facile, mais parfois, il ne sert à rien de lutter contre l’inévitable. Mieux vaut garder cette énergie pour d’autres choses plus productives. Parfois, on a surtout besoin de sérénité pour accepter notre immuable destinée. »

Action

Exercice pratique, fais une liste. Dans la colonne de gauche, écris tout ce qui te déplaît dans ta vie et que tu pourrais éventuellement arranger, puis organise-toi concrètement pour changer les choses. Dans la colonne de droite, liste tout ce qui te rend malheureux et auquel tu ne peux rien faire. Réfléchis à la quantité d’énergie que tu consacres à cette deuxième colonne par toute ta colère et ta frustration, par tout ce temps passé à te battre dans le vide ou à te plaindre. Une fois ta réflexion arrivée à maturité, déchire cette colonne en petits morceaux que tu laisses dehors, en attendant que le vent les emporte.

Divination

Cette carte symbolise une chose que tu dois accepter. Tu sais probablement déjà de quoi il s'agit, tu avais juste besoin d'un coup de pouce divin. En tout cas, sois indulgent envers toi-même et arrête de te battre, c'est inutile. Prends une profonde inspiration, accepte qu'il est des batailles que l'on ne peut pas gagner et passe à autre chose.

Magie

On a parfois du mal à accepter que le destin nous réserve un sort différent de celui auquel on s'attendait. Tu as le droit de demander de l'aide. Voici une simple prière d'acceptation et de paix. Tamponne un peu d'huile essentielle de lavande sur une bougie blanche ou frotte un peu de lavande (fraîche ou séchée) dans tes mains. Laisse le pouvoir de l'Air t'apporter la guérison, l'apaisement. Respire profondément. Allume la bougie et dis : « Dieu et Déesse, donnez-moi la force d'accepter ce que je ne peux pas changer. Donnez-moi la force de lâcher prise, la sagesse de reconnaître quand céder. Que je sois en paix là où ma vie échappe à mon contrôle, que j'exploite mon énergie avec sagesse. Apportez-moi paix et sérénité. » Puis assieds-toi et respire profondément. Si tu as des difficultés à accepter les choses, emporte partout avec toi un petit sac de lavande ou imprègne d'huile essentielle de lavande tes vêtements ou un mouchoir dans ta poche pour que l'arôme te rappelle toujours ce sortilège.

9. Exprime ta pensée

« L'élément Air régit notre parole, sans doute parce que les mots sont portés par notre souffle. (Essaie de parler en retenant ton souffle, tu verras !) On a souvent du mal à exprimer ce que l'on a sur le cœur ; soit on se censure par manque d'assurance ou par crainte de faire des vagues, soit on parle trop librement, parfois maladroitement, si bien que les mots ne sortent pas comme on l'aurait voulu. La communication ouverte et franche, ce n'est pas facile. Mais c'est la base de toute relation saine, qu'elle soit personnelle ou professionnelle, et mérite donc tous les efforts pour être exprimée correctement, aussi complexe soit l'exercice. »

Action

Si tu as du mal à dire ce que tu penses, entraîne-toi devant ton miroir ou avec un ami de confiance. Si une situation difficile se profile où il te faudra t'exprimer, demande à l'élément Air de te prêter son pouvoir, et tu le sentiras dans chacun de tes souffles.

Divination

L'Univers t'a probablement fait tirer cette carte pour t'inviter à dire le fond de ta pensée. Aurais-tu traversé une période difficile en gardant le silence au lieu d'exprimer ce que tu avais sur le cœur ? Aurais-tu l'impression que l'on ne t'écoute pas, sur ton lieu de travail ou dans des relations personnelles ? N'oublie pas que l'on peut tout à fait se livrer à quelqu'un avec politesse et assurance sans forcément être méchant ou susciter le débat. Si on te donne l'occasion de parler, on te donne aussi l'occasion d'écouter. Alors ouvre les oreilles, sans toutefois laisser les autres te voler ton temps de parole.

Magie

Parfois, il faut du courage pour parler franchement, et on trouverait cela plus simple de se taire. Si tu as besoin d'encouragement, invoque Mercure, le dieu romain de l'Éloquence. Mercure portait un caducée, bâton autour duquel s'enroulent deux serpents, parfois coiffé d'ailes. Si tu prévois de parler avec force et conviction, dessine (ou imprime) un caducée, inscris ton nom dessus et demande à Mercure de le bénir et de bénir ta voix. Tu pourras ensuite porter ce dessin dans ta poche quand tu en auras besoin.

10. Transformé et Changé

« Qui dit développement, dit forcément changement. Mais le changement peut faire peur, il demande de s'ouvrir au nouveau, au différent, de prendre un risque, et rares sont ceux qui aiment cela. Mais la vie est faite de transformations. Nous passons de bébés à enfants, puis adolescents, pour ensuite devenir adultes. Les chanceux poursuivent la métamorphose, de jeunes ils deviennent vieux, d'inconscients à avisés, de sorcières novices à vieilles sages. La vie n'est que changements, nous nous recréons à mesure que nous grandissons et passons de ce que nous étions à ce que nous deviendrons. La transformation se fera, que tu le veuilles ou non. Alors autant s'épanouir en papillon de son propre gré au lieu de lutter toute sa vie pour rester chrysalide, non ? »

Action

Réfléchis un instant à l'étape de ta vie actuelle et à la direction que tu aimerais prendre. Quels changements faudra-t-il opérer pour atteindre tes objectifs et fais-tu ce qu'il faut pour encourager ces transformations ? Qu'aurais-tu besoin de faire différemment ?

Divination

Cette carte vient soit confirmer que tu as entamé une transformation réussie (auquel cas bravo, tu peux être fier de toi !), soit suggérer que tu devrais réfléchir aux efforts à fournir pour y arriver, des efforts que tu sauras vite identifier. Si tu viens d'accomplir une tâche ou transition majeure, prends le temps de fêter cette réussite avant de passer à la prochaine étape de ton développement.

Magie

Pour adoucir une transition en cours, il faut savoir se délester de vieux systèmes, réflexes et situations qui ne marchent plus pour toi. Tout comme l'insecte quitte sa mue, il y a des étapes franchies que tu dois laisser derrière toi pour avancer dans ta progression. Si tu cherches une opération magique qui encouragerait le processus, sors prendre l'air (par un jour de léger vent, ce serait l'idéal) ou, si tu restes à l'intérieur, installe-toi devant une fenêtre ouverte, un petit ventilateur ou tout objet te soufflant de l'air au visage. (Si tu n'as aucune de ces options à portée de main, déplace-toi, danse, saute, remue l'air qui t'entoure.) Fais brûler un bâton de sauge et laisse-toi envelopper de sa fumée. Visualise tout ce dont tu dois te libérer et qui s'échappe dans l'air.

Feu : créativité et passion

1. Soleil et Étoiles

« Le Feu est l'un des éléments auxquels il est le plus facile de se connecter. Pas seulement parce qu'il suffit d'allumer une bougie (quoique, cela joue), mais aussi parce que le feu est partout autour de nous. Le Soleil lui-même est une gigantesque boule de feu. Même chose pour les étoiles, bien qu'elles soient trop éloignées pour que l'on en ressente la chaleur. Alors ne t'inquiète pas si tu n'as pas la place d'allumer un feu ni le temps de contempler une bougie qui se consume. Tourne-toi simplement vers le Soleil ou lève les yeux vers les étoiles et rappelle-toi que le Feu est plus présent que tu ne le crois. »

Action

Choisis une action qui te connecte à l'élément Feu. Allume une bougie ou sors au soleil ou sous les étoiles. Pense à tous les aspects de la vie moderne qui n'auraient jamais existé sans la découverte du feu. S'il fait froid, savoure la chaleur d'une cheminée. S'il fait nuit, imagine une vie sans lumière. Remercie le feu pour tous ses présents, puis allume la cuisinière et prépare-toi un bon petit plat, fais chauffer les braises du barbecue ou fais griller des marshmallows !

Divination

Cette carte t'invite à développer ta connexion aux éléments, en l'occurrence au Feu. As-tu tendance à toujours utiliser le même symbole du Feu dans tes rituels ? Tu devrais essayer de varier les plaisirs. Prends-tu le Feu pour acquis dans ta vie ? Tu devrais faire un effort, te montrer plus attentif au rôle qu'il joue, pas seulement en magie mais aussi dans ta survie quotidienne. Le Feu est un allié puissant. N'oublie pas d'apprécier tous ses bienfaits.

Magie

Réalise ce simple rituel destiné à te connecter à l'élément Feu. Sors un jour de grand soleil ou mets-toi sous un rayon (si tu as un chat, tu n'auras qu'à le suivre pour trouver un coin de soleil). Ferme les yeux et sens la chaleur sur ton visage. Attends d'avoir presque trop chaud ou trop de lumière, et tu mesureras le pouvoir du Feu sous sa forme la plus brute. Dis ensuite : « Je te salue, ô élément Feu, et te remercie avec respect pour ta présence dans ma vie. Merci pour ta lumière et ta chaleur, merci pour la passion que tu instilles en toute chose. »

2. Accepte l'Amour

« Pour certains d'entre nous, il est plus facile de donner notre amour que de recevoir celui des autres en retour. Accepter l'amour revient à considérer que tu mérites ce cadeau, or tout le monde ne s'en croit pas digne. Accepter l'amour peut également faire peur ; après tout, s'ouvrir à l'amour est un risque, on pourrait ensuite t'en priver, te laisser vulnérable, blessé. La passion, tout comme le feu, peut nous brûler les ailes. Et, pourtant, le jeu en vaut la chandelle. Il faut être à la fois capable de donner de l'amour et de le recevoir pour créer une relation équilibrée, que ce soit entre amis, en famille ou en amour. Rien ne te force à accepter une nouvelle relation si l'affection de la personne ne te paraît ni sincère ni désintéressée. Si ton entourage t'offre gratuitement son amour, essaie de l'accepter le cœur grand ouvert. Je t'assure, tu le mérites. »

Action

Installe-toi au calme et allume une bougie rouge ou rose. (À défaut, une bougie blanche fera l'affaire.) Observe la flamme plusieurs minutes en respirant profondément. Sens ton cœur s'ouvrir et se déployer. En expirant, envoie ton amour à tous les gens auxquels tu tiens. En inspirant, accepte l'amour qu'ils ont à t'offrir. Si tu ne le ressens pas, prends l'amour de la Déesse, toujours présente, toujours prête à t'aimer. Répète l'opération autant de fois que nécessaire dès que tu te sens seul ou éprouves des difficultés à accepter l'amour.

Divination

Cette carte vient, sans grande subtilité, t'annoncer que tu dois apprendre à accepter l'amour des autres. Manquerais-tu de confiance en toi, aurais-tu tendance à te fermer à ceux qui te veulent du bien ? Aurais-tu plus de facilité à donner qu'à recevoir ? (Ou ni l'un ni l'autre ?) Garde en tête que tu peux recevoir l'amour sans rien promettre en retour, s'il est donné sans réserve. Mais si, pour toi, c'est difficile, essaie cette affirmation : « Je suis un enfant de la Déesse et je mérite d'être aimé. » Par ailleurs, cette carte peut indiquer qu'un proche – un ami, un membre de la famille ou même un animal de compagnie – peine à recevoir l'amour que tu veux lui donner. Si c'est le cas, ne lâche pas l'affaire !

Magie

Le chakra du cœur est, comme son nom l'indique, celui qui gouverne la réception et l'émission de l'amour. Si ton chakra du cœur est bloqué ou déséquilibré, tu peux éprouver des difficultés dans ce domaine. Assieds-toi, les mains posées sur ta poitrine, et ferme les yeux. Si tu le souhaites, imagine ce chakra d'une couleur rose ou dans un mélange de rose et de vert, et vois si ton énergie circule avec fluidité, si elle remonte vers ton chakra de la gorge ou descend vers ton centre. Aiguise ton esprit, fais circuler l'énergie de ton chakra du cœur dans le sens des aiguilles d'une montre. S'il résiste, essaie le sens inverse. Généralement, avec un peu de concentration, on peut faire circuler l'énergie colorée dans un sens, puis dans l'autre. Si elle te semble coincée (ou si le noir ou le gris l'emportent sur le rose), imagine la chaleur salvatrice de l'élément Feu venue faire fondre ces blocages et envelopper ton cœur de lumière. Envoie-toi de l'amour. C'est le plus beau des points de départ.

3. Médite pour créer

« La créativité est un peu le feu de notre esprit. Elle nous apparaît sous des formes différentes selon les individus. Certains ont une créativité visible sous sa forme artistique la plus évidente, comme l'écriture, la peinture ou les travaux manuels. D'autres sont créatifs plus subtilement, dans leur façon de résoudre des problèmes ou de décorer leur environnement. On peut créer dans un studio artistique, dans une cuisine ou dans un bureau. Nos seules limites sont celles que l'on s'impose. Tout le monde n'a pas cette inclination, ce talent de pouvoir tout entreprendre, mais nous avons tous des activités dans lesquelles nous investissons notre réflexion, notre cœur, nos mains et notre esprit. Si tu n'as pas encore identifié tes qualités artistiques, donne-toi cette mission aujourd'hui. »

Action

Consacre-toi à une activité artistique. Ce que tu veux. Écris un poème ou un sortilège. (Rassure-toi, tu n'es pas obligé de le faire rimer.) Dessine, fais de la poterie, du tricot. Cuisine un plat divin ou repense la décoration d'une pièce pour la rendre plus apaisante ou plus jolie. Ne te dis pas que tu manques de temps ou de talent, fais-le. Non, mieux : fais-le avec conviction et volonté. Ressens le processus créatif, comme il nourrit ton esprit et attise ton feu intérieur.

Divination

Si tu as l'impression de stagner, si l'humeur n'est pas au beau fixe, cette carte t'informe que tu n'exprimes pas assez ton côté artistique. Certes, c'est important de travailler, mais nous avons tous besoin d'équilibrer travail et détente. Contemple cette carte et demande-toi si tu nourris ton Âme au quotidien.

Magie

Allume une bougie rouge, orange ou blanche et invoque Brigit, déesse celte de la Créativité et de l'Inspiration, également réputée pour être la déesse des Flammes et du Puits. Elle gouverne le chaudron de la créativité. Si tu as un petit chaudron en fonte, utilise-le, sinon un saladier en argile fera l'affaire. Prends des morceaux de papier sur lesquels tu écris toutes les formes d'expression artistiques qui t'intéressent. (Inutile de toutes les maîtriser, il suffit d'y prendre plaisir.) Mets les papiers dans le chaudron ou le saladier et mélange-les avec le doigt ou avec un athamé. Demande ensuite à Brigit de te guider et tire l'un des bouts de papier. Aménage un créneau pour te consacrer à l'activité inscrite, ne serait-ce qu'une heure. Si tu veux, pose le saladier ou le chaudron sur ton autel et tire un papier par semaine.

4. Inspiration et Courage

« La vie nous réserve bien des défis. On en relève certains volontiers, mais d'autres surgissent sur notre route sans que l'on y soit préparés. Positifs ou négatifs, tous ces défis sont l'occasion d'apprendre, de se renforcer, de repousser ses limites, de sortir de sa zone de confort, de sonder ses profondeurs ou de faire appel à son entourage. Que tu cherches l'inspiration par le travail ou par le plaisir, que tu sois malade ou chagriné, ne sous-estime jamais le pouvoir de tes propres pensées. »

Action

Nos schémas de pensée sont façonnés par notre condition humaine. Certains nous correspondent bien. D'autres moins. Dans les moments difficiles ou quand tu te forces à être créatif dans l'espoir de provoquer de grands changements, ces vieux schémas de pensée peuvent venir te mettre des bâtons dans les roues. Prends quelques minutes pour réfléchir à tes schémas personnels : as-tu naturellement tendance à pencher pour le positif ou le négatif ? (Vois-tu le verre à moitié vide ou à moitié plein ?) Penses-tu instinctivement « j'y arriverai » ou « je n'y arriverai jamais » ? Aimes-tu tester de nouvelles choses ou te raccroches-tu à de vieilles habitudes, aussi caduques soient-elles ? Laisses-tu les autres t'épauler en cas de besoin ou t'entêtes-tu à tenir bon par tes propres moyens ? Si tout roule comme sur des roulettes, tant mieux. Sinon, il serait temps de modifier ces schémas. C'est beaucoup de travail, mais si tu restes alerte et poursuis tes efforts, cela en vaudra la peine.

Divination

Si tu tires cette carte, tu as probablement besoin d'inspiration ou de courage, ou même des deux. Pas d'inquiétude, cela arrive. Ils sont peut-être même déjà là. Si tu as besoin d'inspiration, admire la nature qui t'entoure. Elle est peuplée de merveilles. Mais n'oublie pas d'également regarder en toi. L'esprit humain est un lieu fantastique, peuplé d'idées et de possibilités, mais rares sont les gens prêts à l'explorer. Si c'est de courage dont tu manques, tu pourrais te découvrir une force intérieure insoupçonnée. Mais laisse les autres t'encourager, n'hésite pas à tendre la main vers les dieux et déesses, vers les forces élémentaires de l'Univers ; les croyances spirituelles, quelle que soit leur nature, peuvent être une grande source d'inspiration et de courage, mais il ne faut pas hésiter à faire appel à elles quand on en a besoin.

Magie

La cornaline se prête merveilleusement à la créativité et au courage. Trouve un cristal ou un éclat de cornaline, ou même un bijou orné de cette pierre si tu veux la porter sur toi. Recueille-toi avec elle devant ton autel ou dans un lieu sombre en plein air et demande à l'élément Feu de te connecter au pouvoir de cet éclat rocheux. Appelle à l'aide selon les moyens à ta portée et ressens cette force vibrer dans la pierre. Puis porte-la sur toi ou prends-la dans tes mains quand tu as besoin d'un petit coup de fouet.

5. Magie du Feu

« Qui n'a jamais été enchanté par la douce lueur d'une bougie ou de flammes dansant gaiement sur des braises ardentes ? La magie du Feu est partout autour de nous, c'est peut-être la plus facile à inviter dans notre quotidien, il suffit d'une touche de sorcellerie de cuisine. L'élément Feu gouverne la créativité, la passion et l'énergie, mais comme le feu lui-même, il ne faut pas en abuser, au risque de se brûler les ailes. Mais si tu as l'impression que tes flammes intérieures sont en berne, pimente ton quotidien par la magie du Feu. »

Action

Le moyen le plus basique de se connecter à la magie du Feu, c'est d'allumer une bougie, du simple chauffe-plats sur ton autel aux superbes chandelles en cire d'abeille sur la grande table. Allume la bougie et envoie une prière ou médite cinq minutes en regardant la flamme. Instaure un rituel en allumant une bougie (soit toujours la même, brièvement, soit une nouvelle à chaque fois, que tu laisses se consumer entièrement) tous les soirs pendant un mois et vois si tu te sens plus en phase avec le pouvoir du Feu. Mais n'oublie pas de sécuriser tes bougies, elles ne doivent pas brûler en ton absence, encore moins en la présence d'enfants ou d'animaux. Tu ne voudrais pas que cette force parte en fumée !

Divination

Cette carte porte un message évident : il est temps de te connecter aux aspects magiques du Feu ! Si tu as ce qu'il faut chez toi, allume un feu et danse autour pour fêter ce puissant élément. Sinon, allume une (ou plusieurs) bougie ou fais mijoter une concoction magique sur ta cuisinière. Ajoute des épices pour en renforcer la chaleur !

Magie

Porte la magie du Feu au niveau supérieur en ajoutant ta touche personnelle à une bougie classique. Choisis une bougie pilier ou votive et, avec une pointe (celle de ton athamé, un cure-dent ou même avec le tranchant d'un cristal) trace des symboles dans la cire en fonction du sortilège que tu souhaites réaliser. Par exemple, si tu travailles sur le thème de la prospérité, utilise des symboles runiques tels que Gifu ou Fehu, le symbole de l'euro ou tout autre motif associé à la fortune. Si tu veux travailler autour de l'amour, tu peux graver un cœur (ou deux) sur ta bougie. Enduis-la ensuite d'huile magique ou essentielle assortie à ta tâche (la lavande pour la guérison, par exemple). Si tu veux revenir aux bases, tu peux créer ta bougie de A à Z et ajouter des herbes à la cire. Pense à te concentrer sur le pouvoir du Feu pendant tout le processus de fabrication et à puiser dans cette force quand tu l'allumes.

6. Cède à la Passion

« Parfois, la meilleure option reste de céder à la passion. Ce feu ardent peut naître d'une nouvelle relation, d'une création artistique exaltante ou de la simple joie de passer une journée à la plage sous le soleil. C'est agréable de se laisser vivre. Tant que ta passion nourrit positivement ta vie – l'amour, la créativité et le plaisir d'un bon moment – cesse de te préoccuper des détails pratiques et savoure ton plaisir. »

Action

Fais quelque chose aujourd'hui qui te procure énergie et satisfaction. N'importe quoi, du moment que cela attise un feu dans ton esprit. Si tu aimes cuisiner, fais-le. (Puis partage ton plat en famille ou entre amis.) Si tu es d'un tempérament créatif, peaufine ton art, ton écriture ou toute autre activité te procurant ce plaisir. Tires-tu du plaisir à aider les autres ? Ou à travailler la terre de ton jardin ou d'un parterre de fleurs ? Alors fais-le. Ne serait-ce qu'une heure ou trente minutes si c'est tout ce dont tu disposes. Sinon, il y a toujours la passion amoureuse, tant que tu la partages avec la bonne personne et pour les bonnes raisons. Embrase ton corps, ton esprit et ton Âme, délecte-toi des présents que t'apporte l'élément Feu.

Divination

Tu as probablement tiré cette carte parce que tu travailles trop dur ou passes trop peu de bon temps. Te consacres-tu assez souvent aux choses qui te passionnent ? Sais-tu au moins ce qui te passionne ? Si la réponse à l'une ou au l'autre de ces questions est non, tu devrais sérieusement envisager de céder à la passion. Rappelle-toi, nous puisons dans l'énergie de notre esprit ; si tu ne ravitailles pas régulièrement cette source, tôt ou tard, elle finira par se tarir. Ça peut paraître futile de faire ce qui nous plaît avec le plaisir pour seule motivation, mais passer son temps à répondre à l'utile et au nécessaire, ce n'est pas une vie. Fais de la place aux passions du cœur, aux personnes et aux activités qui te procurent de la joie. Ta vie n'en sera que plus belle.

Magie

Allume une bougie rouge. Regarde bien l'illustration de cette carte, cette sorcière portée par sa passion. Réfléchis à ce qui te passionne, si tant est que cela t'arrive. Puis lève une main et dis : « Puissante Déesse, aide-moi à entrer en contact avec mon feu intérieur et à trouver ma voie vers ce qui me réchauffe l'esprit. »

7. Poursuis tes rêves

« Nous avons tous des rêves, petites envies mélancoliques ou grands désirs passionnés. Que tes rêves tournent autour d'une carrière à succès, d'un amour durable ou simplement d'un gâteau au chocolat, le seul fait d'y penser ne suffira probablement pas à les réaliser. Il n'y a rien de mal à fantasmer ce que, finalement, on ne souhaite pas vraiment – épouser un prince ou devenir une rock star – en revanche, si tes rêves comptent vraiment, il va falloir y mettre du tien. Bien sûr, tu pourrais échouer ou être déçu par le résultat. Mais pour le savoir, il faut essayer, pas vrai ? »

Action

Identifie ton rêve le plus important de tous et fais un premier pas vers sa réalisation.

Divination

Sans subtilité, cette carte t'invite à arrêter de rêvasser. Il est temps d'agir ! Et si tu as déjà commencé, alors cette carte t'indique que tu es sur la bonne voie. Tu es seul maître de ton destin !

Magie

Poursuivre ses rêves demande du courage, et un peu d'aide n'est parfois pas de refus. Voici un exercice magique qui peut t'apporter ce coup de pouce. Si tu as la possibilité d'allumer un feu, fais-le et écris ton rêve sur un morceau de papier. Jette le papier dans les flammes et vois comme les étincelles jaillissent vers l'Univers et emportent ton vœu avec elles. Si tu ne peux pas allumer de feu, prends une bougie et grave dans la cire un ou deux mots résumant ton rêve. À mesure qu'elle se consumera, elle déploiera toute l'énergie nécessaire. Ouvre ton cœur à l'éventualité d'un succès, conscient que les dieux ont entendu ton message.

8. Guérison du Cœur

« La vie est parfois rude, nous traversons tous des moments de chagrin. La perte d'un être aimé ou d'un animal de compagnie, la maladie, les relations vouées à l'échec, les déceptions… Bien des choses peuvent nous faire du mal. On a le droit d'être triste, mais quand le chagrin s'éternise ou interfère avec notre capacité à fonctionner sainement, il est temps de chercher une aide extérieure pour surmonter l'épreuve et guérir. Elle peut venir de ta famille, de tes amis, d'un psy ou d'un dieu. Sois indulgent envers toi-même et laisse les autres se montrer bienveillants envers toi. »

Action

Parfois, de toutes petites actions guérissent les plus grands maux : s'asseoir au bord de l'océan ou sous les étoiles, caresser un animal ou jouer avec un enfant. Se montrer bienveillant envers autrui. Dès aujourd'hui, fais un petit geste qui te donne le sourire ou qui fera sourire un proche. Demain, tu en feras un autre. Tu seras surpris de voir comme les deux se complètent. (Tu pourrais même permettre à quelqu'un de faire ce geste vers toi.)

Divination

Ton cœur aurait-il besoin de guérir ? Si oui, que mets-tu en œuvre pour permettre cette guérison ? T'en donnes-tu les moyens ou, au contraire, as-tu tendance à broyer du noir ? Si tu as besoin d'aide pour guérir, cherches-tu ce soutien, acceptes-tu l'aide que l'on te propose ? Si ton cœur se porte très bien (et je te le souhaite), alors cette carte peut simplement indiquer que tu as les moyens d'aider quelqu'un dont le cœur souffre de chagrin. Regarde autour de toi, si tu vois une personne au cœur brisé, tends-lui la main, prends-la dans tes bras, propose-lui une épaule sur laquelle s'appuyer, une oreille à qui parler.

Magie

Si tu es coincé dans la douleur et le chagrin, si tu n'arrives pas à avancer, prononce cette simple affirmation tous les jours pendant un mois (ou plus, si cela peut t'aider). Tu peux allumer une bougie ou porter tes mains sur ton cœur. « J'ai été brisé, mais je guéris. Mon cœur se renforce, plus vibrant de jour en jour grâce à l'amour du Dieu et de la Déesse. Je guéris. »

9. Distribue l'Amour

« C'est merveilleux d'être aimé. Nous avons tous besoin de recevoir de l'amour, ce sentiment chaud et réconfortant qui nous vient de la conviction qu'une personne, quelque part, nous aime. Mais n'oublie pas que l'amour est une rue à double sens. Aussi forts soient ton désir et ton besoin d'être aimé, n'oublie pas que d'autres sont dans le même cas. L'amour est incroyable, plus on en donne, plus il faut en donner. Si tu autorises ton cœur à se remplir de l'amour des autres, qu'il s'agisse d'un amour romantique ou familial, de l'affection d'un ami, de l'attachement à un animal ou même de ton amour pour un dieu ou une déesse, cette chaleur et cette joie déborderont comme une rivière de son lit. Tu peux même donner de l'amour à des inconnus ; envoie ton amour inconditionnel au sans-abri que tu croises dans la rue ou à la commerçante qui t'a souri. Inutile de dire ou de faire quoi que ce soit, il suffit d'ouvrir ton cœur et d'envoyer ton amour. Bien entendu, si tu donnes ton amour à tes proches, tu peux l'exprimer à haute voix, par écrit, par une étreinte ou par une parole bienveillante. Parfois, tu recevras de l'amour en retour. Parfois non, mais cela vaut quand même le coup de continuer sur cette vibration. »

Divination

Cette carte t'invite à ouvrir ton cœur. Une personne t'a peut-être proposé son amour sans que tu n'aies pris le temps ni l'énergie de le lui rendre en retour. Il est facile de prendre pour acquis ses amis, sa famille, sa compagne ou son compagnon quand on mène une vie bien chargée, de se dire : « Oh, il sait bien que je l'aime » ou « Je ferai un petit geste plus tard, quand j'aurai le temps. » Aurais-tu été trop centré sur toi-même récemment ? Les dieux t'invitent à diriger ton énergie vers les autres et non vers toi-même. Il se pourrait qu'un proche crie son besoin d'amour sans que tu ne l'aies entendu. Regarde autour de toi. Offres-tu suffisamment d'amour à ceux qui comptent à tes yeux ? La vie est courte et on ne sait pas ce qui nous attend. N'attends pas demain de pouvoir donner l'amour que tu ressens aujourd'hui.

Magie

Installe-toi dans une pièce sombre ou dehors au clair de lune. Allume une bougie blanche ou rouge et concentre-toi sur sa lumière et sur sa chaleur. Puis ferme les yeux, sens cette lumière et cette chaleur t'emplir le cœur. Ouvre-toi aux sources d'amour, au Dieu et à la Déesse, à tout ce en quoi tu crois, et sens ton cœur s'emplir d'affection. Quand il est plein à craquer, envoie tout cet amour vers l'Univers. Tu peux le diriger vers des personnes spécifiques ou le laisser aller naturellement là où il sera utile. Consacre-lui autant de temps que tu l'estimes nécessaire, puis pose les mains sur ton cœur et gardes-en un peu pour toi. Remercie les dieux d'avoir partagé leur énergie et souffle sur la bougie.

10. Joie et Plaisir

« Dans le dictionnaire, tu trouveras pour le mot joie une définition du type : "Sentiment de grand bonheur ou de plaisir, tout particulièrement sur le plan spirituel." En réalité, la joie ne veut pas dire la même chose pour tout le monde, mais je pense que nous sommes tous d'accord sur le fait que c'est un sentiment rare et merveilleux. La vie est pleine de tristesse, de stress, ce qui rend ces instants volés d'autant plus précieux. Un seul souvenir d'une joie pure et sincère peut te permettre de survivre à bien des mauvaises journées. Peu importe ta définition personnelle de la joie, ce qui compte, c'est que tu la recherches, que tu lui laisses une place dans ta vie. Et quand elle arrive, apprécie-la pleinement. Et si tu peux apporter de la joie aux autres, c'est encore mieux. »

Action

Qu'est-ce qui te procure de la joie ? Passer du temps entre amis ou en famille ? Te promener seul dans les bois ou au bord de l'océan ? Danser, chanter, manger un cookie fait maison à peine sorti du four ? Tires-tu de la joie de rituels, de ta communion avec les dieux ? Ou en jouant avec des enfants ou des animaux, bien plus enclins à accueillir la joie que bien des adultes ? Dresse la liste des choses qui te rendent joyeux et prends régulièrement le temps de les pratiquer.

Divination

Cette carte porte un message clair : trouve et accueille la joie ! Sortirais-tu d'une période de mélancolie, d'un coup de blues ou as-tu été trop occupé par ta vie d'adulte pour savourer les plaisirs simples de la vie ? Ou encore, comme beaucoup de gens, ne te sens-tu pas digne de ressentir de la joie ? Quoi qu'il en soit, tu as tiré cette carte, et c'est sans doute le signe que tes réserves de joie se tarissent. Pas besoin d'un effort surhumain ou de percer son portefeuille pour les approvisionner, tu n'as pas à partir à Disneyland pour être joyeux (enfin, sauf si tu en as envie, auquel cas, fonce !). Mais la joie demande quand même un petit effort ou, du moins, un petit coin aménagé à tes côtés. Une fois qu'elle t'a rejoint, ne la rejette pas, ne sois pas pressé de passer à autre chose. Accueille pleinement cette joie. Immerge-toi dans ce moment. Exclame-toi, souris, bondis si c'est ce qui te fait envie. Fais l'enfant juste un instant. Balance-toi de plus en plus haut en faisant valdinguer tes sandales. La joie est bonne pour l'Âme. Allez, trouve quelque chose qui te rend joyeux. Tout de suite !

Magie

Peut-on pratiquer la magie pour s'attirer la joie ? Bien sûr. Après tout, si elle peut attirer l'amour, pourquoi pas la joie ? Combien d'entre nous manquent des occasions d'être joyeux faute d'avoir la tête ailleurs ou de prendre ce cadeau pour acquis quand il se présente ? Ce sortilège de joie est assez basique. Choisis une image qui t'évoque la joie, que ce soit une plage au coucher du Soleil ou une journée à la fête médiévale. Si tu ne trouves pas d'image, amuse-toi à en esquisser un dessin ou à décrire la scène à l'écrit. Allume une bougie rouge ou blanche et dis : « Dieu et Déesse, aidez-moi à m'ouvrir à la joie. Rappelez-moi le sentiment que l'on éprouve à accueillir ces instants lumineux de pur bonheur et emplissez mes journées et mes nuits de cette joie. Aidez-moi à l'offrir autour de moi autant qu'on me l'offre. »

Eau : changement et mouvement

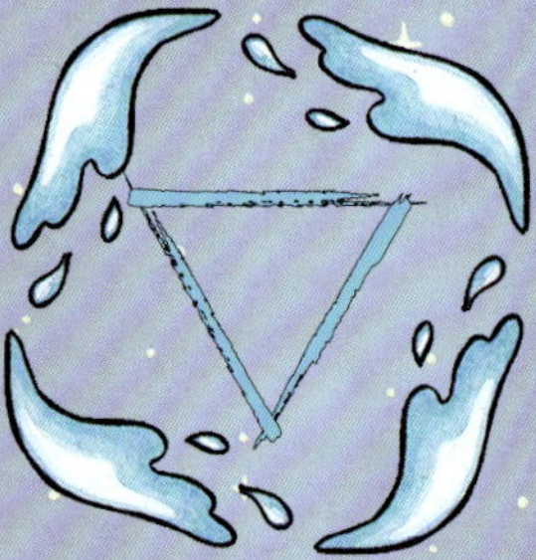

1. Eaux Salvatrices

« L'eau a toujours été associée à la guérison. On trouve des sources, des bassins et des puits sacrés partout dans le monde. De nombreuses traditions invitent au pèlerinage vers ces eaux salvatrices, souvent au moment du solstice d'été, mais l'eau peut s'utiliser pour un travail de guérison tout au long de l'année, quitte à créer son propre lieu sacré. (Astuce : si tu disposes d'une baignoire, tu as bien de la chance.) Le sel est souvent associé à l'eau pour un rituel magique de guérison, alors si tu ne disposes d'aucune étendue d'eau, tu trouveras toujours un moyen de profiter de ses pouvoirs salvateurs. Tu peux par exemple sortir te promener sous la pluie. Nous sommes des sorcières, l'improvisation est dans nos cordes. »

Action

Prends un bain salvateur, ou une douche si tu n'as pas de baignoire. Sur fond de musique apaisante, ajoute du sel de mer dans l'eau ou utilise un gommage au gros sel si tu es sous la douche. Entre en communion avec l'élément Eau pendant ton bain et visualise la maladie, la douleur et la tristesse s'en allant par le trou d'évacuation. Laisse l'eau te laver de tes soucis comme la pluie chasse la poussière de ta voiture. Sors de la baignoire ou de la douche avec un sentiment de renouveau, une impression de guérison et de reconnexion au pouvoir de l'Eau.

Divination

Cette carte te rappelle l'importance d'entrer en phase avec l'Eau de la plus puissante des façons. Si tu as accès à un point d'eau – l'océan, un lac ou même un ruisseau – c'est le moment de t'y rendre. Sinon, procure-toi une petite fontaine d'ornement à poser sur une table et écoute l'eau s'écouler. Le bruit de l'eau en mouvement est presque aussi guérisseur que l'eau elle-même.

Magie

Élabore ta propre eau de guérison. Prends un récipient en verre et remplis-le d'eau (prélevée directement à la source serait l'idéal, depuis l'océan jusqu'à l'eau de pluie, mais l'eau du robinet fera l'affaire si c'est tout ce dont tu disposes). Si tu possèdes un cristal de roche ou d'améthyste (ou toute autre pierre associée à la guérison), place-le dans le récipient. Tu peux ajouter un brin de romarin, si tu veux. Puis laisse le récipient dehors au clair de lune pendant une à trois nuits. Si tu ne peux pas le laisser dehors, choisis un coin près d'une fenêtre où il sera baigné de la lueur nocturne. Une nuit de pleine lune serait idéale, mais si tu ne peux pas attendre, fais-le au plus tôt. Tu peux ensuite utiliser cette eau pour ton bain, t'en oindre lors d'un rituel de guérison ou simplement l'utiliser pour te laver les mains et le visage.

2. Purifié Corps et Âme

« Au quotidien, nous nous purifions par des moyens divers – bain, douche, en se lavant le visage ou en se brossant les dents. Mais il est important de ne pas réduire ces actions à l'état de simple nettoyage de l'épiderme. Le corps, l'aura, le mental et l'esprit nécessitent tous un nettoyage régulier au fil de notre voyage en ce monde chargé d'émotions puissantes, de chaos et de négativité ambiante. Certains vont jusqu'à penser que des énergies obscures et malsaines viennent s'accrocher aux plus imprudents. En tout cas, nous sommes tous d'accord sur le fait qu'un bon nettoyage ne peut pas faire de mal, pour chasser le déplaisant et le malvenu accumulés sur notre route. »

Action

Il n'y a pas plus simple qu'un nettoyage spirituel basique : il suffit de prendre conscience que la purification va plus loin que la simple douche à l'eau savonneuse. Commence par décider fermement de chasser le négatif et le nocif, puis utilise l'eau sous la forme qui te convient le mieux. Tu peux rester sous la douche et visualiser la saleté emportée dans les canalisations, te promener un instant sous la pluie, nager dans l'océan ou encore tremper un tissu dans un bol d'eau mélangée à un peu de sel. L'essentiel n'est pas tant le résultat que le fait d'opérer en pleine conscience.

Divination

Cette carte t'informe qu'il est temps de procéder à un nettoyage spirituel ou psychique. Si tu as traversé une baisse de régime, un coup de stress ou de fatigue, ce n'est pas anodin. Un bon nettoyage te fera le plus grand bien. Utilise le pouvoir de l'Eau pour un travail de purification.

Magie

Le bain de guérison magique est un bon moyen de se purifier, physiquement mais aussi spirituellement. Remplis ta baignoire d'eau et ajoute du sel de mer pour favoriser la suppression de toute négativité. Tu peux également verser quelques gouttes d'huile essentielle douce associée à la guérison, par exemple du romarin, du citron ou du raisin. (Si tu n'as pas de baignoire, tu peux remplir une grande bassine et la mettre sous la douche ou l'utiliser en extérieur où tu pourras tremper le sol sans t'en soucier.) Une fois assis dans l'eau ou au moment de t'en passer sur le corps, visualise les couches de mauvaise énergie dont tu te laves et la positivité qui vient peu à peu les remplacer. Si tu ressens un besoin particulièrement prégnant de te nettoyer, demande aux dieux ou à l'élément Eau de t'aider dans cette tâche.

3. Médite pour t'apaiser

« Dans ce monde de stress et de course permanente, la paix et la sérénité sont des trésors plus précieux que l'or et plus rares que le plus exotique des cristaux. Nous sommes nombreux à courir dès le réveil : on fait le plein de caféine pour fonctionner malgré l'épuisement, on répond aux exigences du travail, puis à celles de la maison, sans même prendre le temps de souffler. Les rares fois où nous nous accordons un moment de répit, c'est souvent devant un écran – télévision, ordinateur ou téléphone. Cette stimulation permanente nous fatigue comme l'eau ronge la pierre : il serait bon de s'accorder une vraie pause dans la paix et la sérénité. »

Action

La méditation est un excellent moyen d'atteindre la paix et la sérénité, mais si ce n'est pas ton truc, tu peux opter pour une promenade (au bord de l'océan ou d'une rivière si tu as la chance d'habiter près de ces points d'eau). Sinon, mets-toi au calme et écoute un enregistrement d'eau en mouvement ou le rythme apaisant d'une petite fontaine décorative chez toi, en respirant profondément. Quelle que soit la méthode choisie, une quinzaine de minutes passées à ne rien faire dans l'un de ces contextes t'aideront à puiser l'énergie nécessaire pour répondre aux exigences d'une vie bien remplie.

Divination

Si tu as tiré cette carte, c'est probablement que tu as cruellement besoin de paix et de sérénité. Et peut-être d'une sieste. Si tu as été poussé à bout ces derniers temps, cette carte t'invite à tout arrêter, le temps de te connecter à l'Eau d'une façon propice à la détente. Tu peux reprendre les suggestions listées plus haut, faire le travail de magie proposé plus bas ou simplement sortir sous la pluie et la laisser éliminer tous tes soucis. Dans tous les cas, c'est le moment de faire l'effort de te reposer.

Magie

On a parfois tendance à oublier que l'eau peut servir de façon basique : en boisson. Si tu manques de paix et de sérénité, concocte-toi une eau magique personnelle. Commence par te servir un verre d'eau (la plus pure possible). Tu peux la conserver dans un bocal hermétique si tu crains que des animaux ne viennent y mettre leur truffe et la verser plus tard dans un verre. Si tu le souhaites, mets un cristal (propre) de roche ou d'améthyste au fond du verre et/ou un brin de romarin ou de lavande fraîche. Laisse tremper toute la nuit dans un endroit baigné du clair de lune. Si tu veux le faire dehors, utilise un bocal hermétique. Tout en préparant ton opération, garde à l'esprit ton intention de créer de l'eau dans un but de paix et de sérénité. Le lendemain, au moment de boire ta préparation, tends le verre vers le ciel et dis : « Dieu et Déesse, pouvoir de l'Eau, bénissez et consacrez cette eau pour un usage positif, qu'elle m'apporte paix et sérénité à chaque gorgée. » Puis sirote lentement et sens le calme t'envahir.

4. Changement et Progrès

« L'eau s'intéresse avant tout au mouvement, au changement. Avec le temps, elle est capable de déplacer des rochers, de creuser des canyons, des sillons dans la campagne qu'elle traverse. Le plus paisible des lacs est en mouvement permanent, les vagues des océans ondulent, dans un flux et reflux suivant les marées. Le pouvoir de l'Eau peut accompagner nos mouvements, utilisons son énergie pour provoquer des changements positifs dans notre vie, pour avancer vers l'étape suivante de notre chemin personnel. »

Action

Le changement peut faire peur, mais sans lui, pas de progrès. Pense au Nil, en Égypte. Chaque année, il débordait, détruisant tout sur son passage. Pourtant, ses crues nourrissaient les sols et faisaient de cette vallée l'une des terres les plus fertiles au monde, permettant la construction d'une civilisation extraordinaire. Tire profit de tes propres crues, de ces épreuves destructrices et incontrôlables en apparence, pour changer de cap et foncer vers un changement positif. Mais garde en tête que l'eau peut être dirigée et veille à ce que ton énergie te porte dans la direction que tu souhaites.

Divination

À l'instar de La Tour dans un jeu de tarot, cette carte peut annoncer une cassure dans ton rythme de vie, pas forcément agréable au moment où elle survient. Mais rappelle-toi que c'est quand tout s'écroule que l'opportunité de se reconstruire positivement se présente. Tu es peut-être enfin aux portes de ce que tu projetais de faire il y a longtemps, non loin d'atteindre ton but. Bravo, continue comme cela !

Magie

Il existe un moyen facile de faire de la magie pour le changement et le progrès, il suffit de deux verres et d'un peu d'eau. Tu peux opérer sur ton autel ou à un endroit où ils ne risqueront rien. Commence par remplir tout le verre de gauche en laissant celui de droite vide. Chaque jour pendant une semaine (ou plus – tu peux d'ailleurs le faire petit à petit en suivant les phases de la Lune, à commencer par la nouvelle lune pour finir le soir de pleine lune), vide un peu d'eau du verre de gauche dans celui de droite et dis : « Je prends la bonne direction, celle du changement positif et du progrès. » Ressens l'énergie du changement boosté par le pouvoir de l'élément

Eau. Quand toute l'eau se retrouve dans le verre de droite, prends cette énergie et fais en sorte d'engager un changement positif dans ta vie.

5. Magie de l'Eau

« L'eau est une force puissante. Elle peut ronger une montagne ou creuser un lac. Elle donne la vie aux champs mais peut tout autant se révéler violente et incontrôlable. Ce n'est pas un élément à prendre à la légère, tu le sais si tu as connu la soif, si tu as vécu un épisode de sécheresse ou une inondation. Toutefois, la plupart du temps, l'Eau est notre alliée et ses pouvoirs nous accompagnent dans les diverses transitions de notre vie. L'Eau est fluide, flexible, et nous rappelle que l'on peut l'être tout autant. »

Action

Pour te connecter à la magie de l'Eau, immerge-toi quelques minutes. Si tu vis non loin d'un lac, d'un cours d'eau ou d'un océan, va t'asseoir près de l'eau ou sur la rive, et mouille tes pieds ou ton corps tout entier si tu en as envie. Puis tends tes sens. Écoute la voix de l'eau, suis ses mouvements, son cheminement. C'est magique. Si tu ne disposes d'aucun plan d'eau alentour, promène-toi sous la pluie, prends un bain ou une douche avec l'objectif de te connecter et pas seulement de te laver en vitesse. Ressens le mouvement sur ta peau et songe au pourcentage d'eau présent dans ton corps, la preuve que cet élément fait intégralement partie de nous.

Divination

Cette carte t'invite à établir une connexion magique avec l'Eau. Tu peux suivre l'exercice décrit plus haut ou faire une autre activité qui te donne le sentiment de te lier particulièrement à elle. Le seul fait de boire un verre d'eau est magique en soi si tu t'intéresses aux molécules absorbées par ton corps et qui deviennent un composant de ton essence. Rappelle-toi, l'élément Eau prend de nombreuses formes : douce ou salée ; pluie, neige, brume, grésil ou glace ; houleuse ou limpide ; sauvage et naturelle ou domptée par l'homme. Prends un moment, un jour, une semaine, pour te connecter à elle sous autant de formes que possible et remercie chacune d'elles pour le cadeau que tu auras reçu.

Magie

Pour te connecter à cet élément dans la magie, remplis un bol d'une eau aussi fraîche que possible. (Tu peux collecter l'eau de pluie si tu n'as pas de puits ou de source naturelle à proximité, mais l'eau du robinet peut faire l'affaire si c'est tout ce dont tu disposes.) Si possible, fais-le un soir de pleine lune, ce serait un bonus. Songe à l'effet de la Lune sur les marées, aux flux et reflux de l'eau encouragés par des forces qui la dépassent. Finalement, nos vies ne fonctionnent-elles pas de la même façon ? C'est sans doute à cause de sa forte présence dans notre corps. Réfléchis à toutes les formes sous lesquelles elle nous est vitale. Plonge les doigts dans un bol d'eau et crée un tourbillon tout en listant ses bienfaits : boire, se laver, cuisiner, etc. ! Puis remercie son pouvoir en touchant avec tes doigts mouillés ton troisième œil (au milieu de ton front), puis tes lèvres, ton cœur et ton centre (au niveau de ton nombril). Replonge les mains dans le bol et laisse ta gratitude résonner dans tout ton corps. Une fois terminé, tu peux utiliser cette eau pour arroser tes plantes ou en garder de côté pour un usage magique ultérieur.

6. Active-toi

« Reste en mouvement, c'est essentiel ; au sens littéral du terme, puisque nos capacités physiques déploient leur plein potentiel quand on maintient une activité régulière, mais c'est aussi valable au sens métaphorique. Il suffit que l'on marque un arrêt dans notre vie pour se surprendre à faire marche arrière – ce qui est rarement positif – ou à stagner, chose qui peut fonctionner pendant un temps mais ne s'avère pas plus sain pour l'esprit que l'immobilité ne l'est pour le corps. En notre qualité de sorcières, il est primordial d'être toujours au top de notre forme. Pour cela, il ne faut jamais cesser de grandir, de changer et d'apprendre, autant de choses qui impliquent d'aller de l'avant. Ne serait-ce que par petits pas. »

Action 

L'Eau est l'élément du changement, du mouvement. Si elle ne bouge pas, elle stagne, et ce n'est pas bon, ni pour elle ni pour tout ce qui dépend d'elle. Veille à ne pas rester statique. Lève-toi, fais un peu d'exercice aujourd'hui, va marcher, fais du vélo, danse ou fais le ménage (oui, cela compte). Puis réfléchis à ton but, à tes aspirations, et fais un premier pas, aussi petit soit-il, vers leur réalisation.

Divination

Le message de cette carte est clair : bouge tes fesses. Serais-tu resté trop longtemps assis au même endroit, devant la télévision ou l'ordinateur ? LÈVE-TOI ! Déplace-toi, occupe-toi, fais quelque chose, n'importe quoi. À moins que le problème ne soit plus profond. Travailles-tu quotidiennement à créer un changement positif dans ta vie, un élan pour aller de l'avant ? Si la réponse est non, cette carte est un message de l'Univers t'appelant à cesser de piétiner et à FONCER. Pas demain. Pas la semaine prochaine. Maintenant ! Aujourd'hui ! Bouge !

Magie

Si tu aimerais aller de l'avant mais as l'impression d'être bloqué, ne t'inquiète pas. Ça arrive à tout le monde. Sers-toi du pouvoir de l'Eau pour te remettre en mouvement. Remplis la moitié d'un bol d'eau. Allume une bougie bleue ou blanche et tourne-toi vers l'ouest, dans la mesure du possible. Cette opération se prête bien aux soirs de pleine lune si le *timing* correspond, sinon, tu peux simplement imaginer le reflet de la Lune dans l'eau ou utiliser le reflet de la bougie en guise de substitut. Contemple cette lumière qui scintille à la surface et pense aux phases que traverse la Lune chaque mois : de nouvelle à pleine lune, puis rebelote, en croissance et décroissance au rythme de notre univers. Réfléchis à ta vie et à tes objectifs personnels. Plonge délicatement les doigts dans l'eau et crée un tourbillon dans le sens des aiguilles d'une montre. Dis : « Pouvoir de l'Eau, aide-moi à me décoincer, à gagner en fluidité. Apporte-moi un peu plus d'énergie chaque jour, aide-moi à avancer vers mon but, à puiser dans ton pouvoir et dans celui de la Lune. Aide-moi à avancer de toutes les façons positives possibles. » Puis asperge un peu d'eau du bout des doigts en direction de la Lune et suis son mouvement dans le bol jusqu'à te sentir prêt à retourner dans le monde.

7. Porté par le courant

« On a souvent le réflexe de lutter contre les défis et les obstacles que la vie met en travers de notre route, ou de rejeter en bloc certaines choses qui nous déplaisent. Ce n'est pas forcément mal, au contraire, c'est parfois nécessaire. Mais il faut savoir quand résister s'avère essentiel, quand cette résistance n'est qu'une perte d'énergie et quand il est préférable de se laisser porter par le courant. Parfois, il vaut mieux lâcher prise. En d'autres termes, tu n'y peux rien, alors accepte la situation avec sérénité et aie confiance, les dieux feront en sorte que tout finisse par s'arranger (même si le résultat n'est pas celui que tu attendais). »

Action

Participe à une activité simple et amusante. Laisse de côté tous tes doutes et tes problèmes et contente-toi de vivre, juste quelques heures. Partage un repas entre amis ou en famille. Promène ton chien (les chiens savent mieux que quiconque suivre le mouvement). Laisse-toi flotter dans une piscine, dans la mer ou dans ta baignoire. Accorde-toi un moment de tranquillité pour te contenter d'exister, tout simplement.

Divination

Si tu dépenses en ce moment tout ton temps, ton énergie et ta combativité pour pas grand-chose, cette carte te propose de faire une pause. Ne pourrais-tu pas régler ton problème en changeant simplement de point de vue, quitte à faire des compromis pour ménager tes efforts ? Prends du recul, laisse les choses se tasser. Parfois, il suffit de se laisser porter, juste un jour ou deux, histoire de lâcher prise.

Magie

Utilise de l'eau en mouvement (une rivière ou un ruisseau, la pluie, l'eau du robinet ou celle que tu verses d'une carafe), définis ton objectif et infuse-le dans l'eau. Sens tes intentions qui s'enfuient vers le monde par le courant. Puis lâche prise, oublie tes intentions ; si elles doivent fleurir un jour, elles fleuriront.

8. Changement Positif

« Les changements ne sont pas rassurants, il arrive que l'on y résiste par peur d'empirer les choses au lieu de les arranger. Le meilleur moyen de surmonter cette crainte est encore de diriger ton énergie vers la certitude que tout changement sera nécessairement positif. Demande au pouvoir de l'Eau de te placer dans la bonne direction et projette tes intentions dans l'Univers aussi clairement et fermement que possible. »

Action

Cela peut paraître plus facile à dire qu'à faire, mais il n'empêche que c'est en faisant tous les jours un petit geste vers un changement positif que tu finiras par atteindre ton objectif. Si tu retires chaque jour une mauvaise herbe, tu finiras par obtenir un jardin plus propre. Tu as besoin d'argent ? Commence par mettre de côté chaque jour les pièces qui traînent dans tes poches. Tu as besoin d'amour ? Projette le tien dans l'Univers, un peu tous les jours, même si tu as l'impression de ne rien recevoir en retour. Tu veux courir un marathon ? Commence par te promener dans ton quartier. Tout geste susceptible de te faire avancer, aussi insignifiant soit-il, non seulement te rapproche de ton objectif, mais renforce ton message à l'Univers pour lui préciser ce que tu désires.

Divination

Cette carte t'encourage à avoir confiance en toi, tu peux y arriver ! Elle te rappelle en outre que le changement positif est autant dans le voyage que dans la destination. Continue de mettre un pied devant l'autre et concentre-toi sur ce que tu veux accomplir. Ça va venir !

Magie

Pour enclencher un changement positif, allume une bougie blanche ou bleue et prononce tout haut cette affirmation (si les choses n'ont pas l'air d'avancer, répète-la tous les jours, avec ou sans bougie) : « Je suis fort et capable, chaque jour me rapproche de la réalisation des changements positifs que je désire. »

9. Larmes de Tristesse et de Joie

« La vie est rarement simple. Elle n'est pas noire ou blanche, tout est dans la nuance ; les plus belles récompenses ne sont pas toujours gratuites et les pires désastres peuvent entraîner de belles surprises. La perte et le chagrin nous rappellent la valeur de nos biens et la chance que nous avons de les posséder. Les plus grands défis sont une occasion de repousser nos limites. Certes, cela ne rend pas les obstacles plus faciles à surmonter. Ce sera difficile, évidemment. Mais si tu arrives à voir le bon côté des pires scénarios, tu n'en seras que plus fort. Tu pourrais même inspirer tous ceux qui, eux aussi, cherchent à avancer sur leur chemin semé d'embûches. »

Action

Repense aux épreuves que tu as surmontées et aux états de grâce qui ont suivi. As-tu survécu ? En es-tu ressorti grandi, endurci, assagi ou adouci ? Est-ce qu'une porte, en se fermant, t'en a ouvert d'autres et a entraîné des retombées positives ? Si oui, prends une profonde inspiration, mesure tes défis actuels (car on a toujours des défis à relever) et rappelle-toi que, d'une façon ou d'une autre, tout finira par s'arranger. Peut-être pas de la façon attendue, mais cela restera positif.

Divination

Il se pourrait que tu traverses une période difficile ou que tu en voies enfin le bout. Dans un cas comme dans l'autre, reste fort, garde le sourire, même lorsque tu as les larmes aux yeux. Si cette description ne te parle pas, alors cette carte te rappelle que les plus grands sourires peuvent cacher de profonds chagrins. Sois bienveillant, accorde aux gens le bénéfice du doute. Tu ne sais pas ce qu'ils traversent en privé.

Magie

Tu as le droit d'être triste. Tout comme tu as le droit d'être heureux, même en de terribles circonstances. Toute pièce a deux faces, aucune situation n'est toute blanche ou toute noire. Notre capacité à gérer les tracas du quotidien dépend souvent de notre équilibre intérieur. Au calme ou dans un lieu sacré, pose deux verres devant toi, l'un presque plein d'eau, l'autre presque vide, et dis : « Dieu et Déesse, aidez-moi à trouver et à maintenir mon équilibre en ce monde éprouvant. » Vide un peu d'eau du verre rempli dans le verre presque vide jusqu'à ce qu'ils soient au même niveau. Puis continue de verser, jusqu'à inverser la tendance. Répète l'opération plusieurs fois et, quand tu as un sentiment d'équilibre, sirote une gorgée de chaque verre et lève-les vers les dieux pour les remercier.

10. Renaissance et Réinvention

« Nous sommes tous nés, et un jour, nous mourrons tous. En chemin, nous nous recréons – parfois volontairement, parfois forcé par les circonstances. L'enfant que nous étions s'éloigne, l'adolescent aussi, puis le jeune adulte. La découverte d'une nouvelle foi spirituelle peut être une forme de renaissance. Pour certains, c'est l'exploration ou l'acceptation d'une sexualité ou d'une identité genrée différente, un changement de cap professionnel, une nouvelle relation amoureuse ou une rupture, l'arrivée d'un enfant ou la perte d'un parent. Pour les femmes, la ménopause est souvent la cause de changements majeurs dans leur perception d'elles-mêmes, et la retraite peut avoir un effet similaire. Accueille chaque changement de vie majeur, aussi effrayant ou déstabilisant soit-il, et réjouis-toi de ta renaissance. Tu es une personne neuve et un nouveau chemin se déroule à tes pieds. »

Action

Réfléchis à tous les bouleversements que tu as connus, à la façon dont chacun d'entre eux t'a fait grandir. Es-tu satisfait de la personne que tu es devenue ? Coiffe un cupcake d'une petite bougie et fête ton nouveau Moi. Si tu n'es pas satisfait par la personne que tu es, mets quand même cette bougie sur le cupcake... mais au moment de l'allumer, fais le vœu de renaître et de devenir quelqu'un de meilleur encore.

Divination

Cette carte porte deux messages possibles. Soit tu es au cœur d'un énorme changement ou tu en sors à peine, auquel cas tu peux fêter ta renaissance ; soit il est grand temps de te réinventer. Hésiterais-tu, pile au moment charnière d'un bouleversement ? Cette carte t'invite à foncer !

Magie

Si tu souhaites célébrer une forme de renaissance, voici une cérémonie magique toute simple. Par le biais d'une douche ou d'un bain (ou avec une grande bassine d'eau dehors, si tu disposes d'un coin à l'abri des regards ; ou encore dans un lac ou dans un cours d'eau, si tu as la chance d'habiter non loin de là), prépare un rituel de transition. Tu peux faire brûler de la sauge ou laisser quelques herbes ou fleurs flotter à la surface. Prévois un peignoir ou une tenue confortable à enfiler quand tu auras terminé. Cette tenue symbolisera ton nouveau Moi, elle doit donc être à la fois confortable et, si possible, différente de ce que tu portes d'habitude. Déshabille-toi lentement, consciencieusement, comme si tu quittais ton ancienne peau. Pénètre dans l'eau (ou sous la douche) et trempe-toi de la tête au pied. Ferme les yeux et imagine-toi à l'intérieur d'un œuf. La coquille se fissure, tu en ressors frais et neuf. Sens l'eau qui évacue ton ancien Moi. Une fois prêt, sors de l'eau, sèche-toi et enfile ta nouvelle peau. Ressens la profondeur de ces changements et sache que, à partir de maintenant, tu ne seras plus tout à fait le même qu'avant.

Comment compléter ce jeu avec le tarot Histoires de Sorcières

Naturellement, ce jeu peut s'utiliser indépendamment. Mais si tu as envie de le combiner à son équivalent en tarot, plusieurs options s'offrent à toi :

1. Fais un tirage de tarot basique puis utilise une carte de l'oracle pour affiner ta lecture.

2. Tire une carte de chaque jeu et vois si un message commun se dégage des deux cartes côte à côte.

3. Tire une à trois cartes de chaque jeu tous les jours pendant une semaine ou un mois et note à chaque fois le résultat obtenu. Guette toutes les répétitions ou la façon dont les résultats d'un jeu corroborent ceux de l'autre. (Si c'est le cas, intéresse-toi de près au message que l'on cherche ainsi à te transmettre.)

4. Si tu as un but précis en tête, tu peux tirer une ou plusieurs cartes de chaque jeu symbolisant cet objectif. Pose les cartes sur ton autel ou à un endroit bien en vue (comme le miroir de ta salle de bain ou la porte de ton réfrigérateur) pour te rappeler chaque jour ton objectif.

5. Utilise une ou plusieurs cartes de chaque jeu pour renforcer ton travail magique.
6. Ou toute autre technique de ton choix !

Des mêmes auteures

Tarot - Histoires de Sorcières

78 cartes, livre en couleurs de 217 pages

ISBN : 979-10-94878-37-8

32 €